빛깔있는 책들 103 - 37

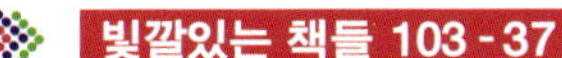

철 불

글/최성은 ● 사진/최성은, 한석홍

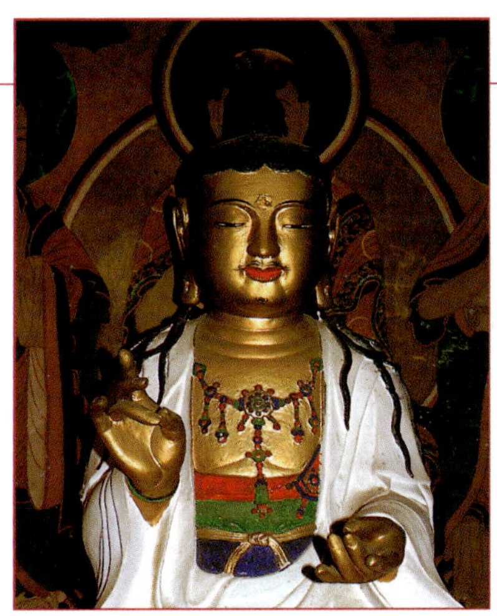

대원사

최성은 ──────────

이화여자대학교 영문학과와 홍익
대학교 대학원 미술사학과를 졸업
하고 문교부 예술원 연구원을 거
쳐 미국 일리노이주립대학에서 미
술사학 박사학위를 취득했다. 이화
여대, 숙명여대, 성신여대, 영남대
학교 및 대학원의 강사를 역임하
였고 현재 덕성여대 예술대학 동
양화과 부교수로 재직중이다. 주요
논문으로 「고려 초기 명주 지방
석조 보살상에 대한 연구」「나말
여초 불교 조각의 대중 관계에 대
한 고찰」「후백제 불교 조각 연구」
등이 있으며 역서로는 『동양미술
사』가 있다.

철불

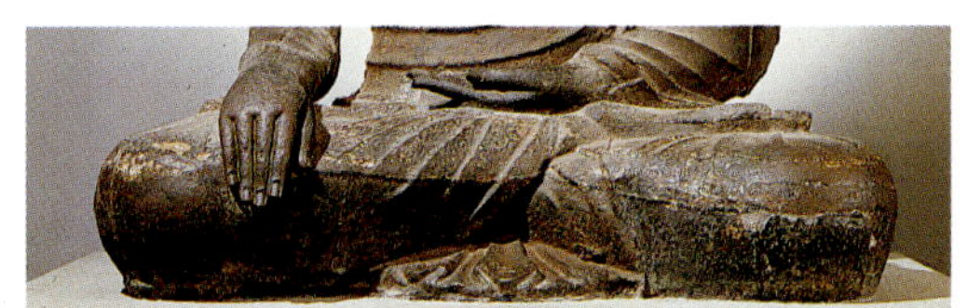

철불

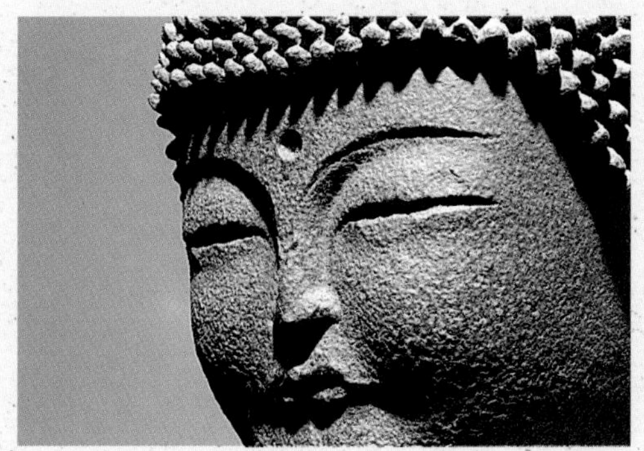

원주 출토 철불 좌상 고려시대, 국립중앙박물관 소장

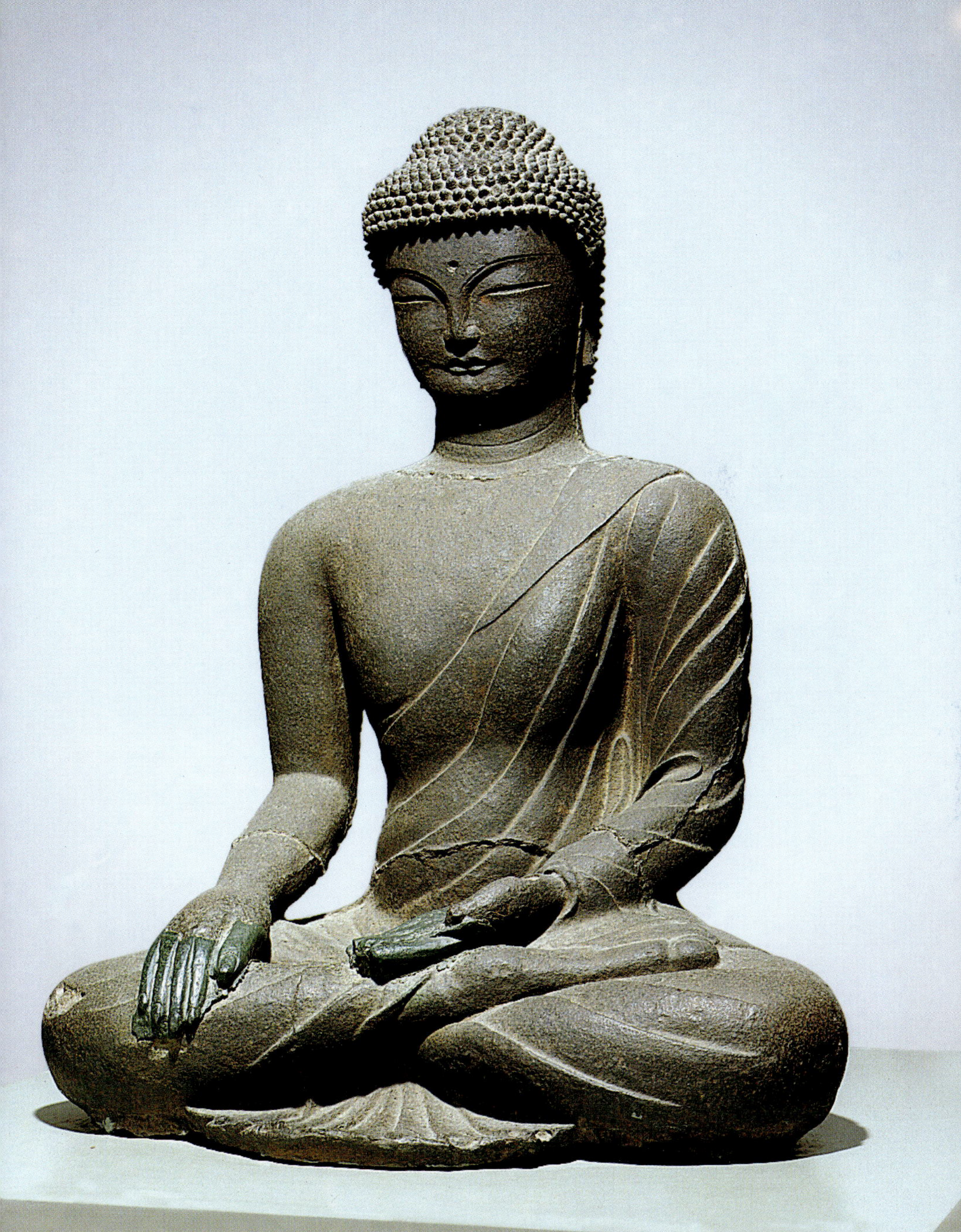

머리말

불상은 만드는 재료에 따라 금동불, 석불, 철불, 목불, 소조불 등 여러 가지로 구분된다. 그 중에서 철을 재료로 하여 만든 불상을 철불(鐵佛)이라 한다.

철불이 우리나라에서 만들어지기 시작한 것은 통일신라시대인 9세기 무렵부터이며 고려 초기에는 크게 유행하였다.

불교의 예배 존상(尊像)을 금동과 같은 값비싼 재료로 만들지 않고 농기구나 무기의 재료이던 철을 이용한 것은, 철불을 만들어 모시고자 한 사람들이 중앙의 귀족이나 상류층에 속했던 사람들이 아니라 지방 호족이거나 평민들이었기 때문이다. 이들은 생활 주변에서 손쉽게 구할 수 있는 재료인 철로 불상을 만들어 모셨는데, 이런 점에서 철불은 불교가 대중화됨에 따라 예배 존상이 서민화된 것을 보여 준다고 하겠다.

고려시대에는 왕실 발원의 불상들도 철로 제작되는 경우가 적지 않았다. 왕조가 바뀌었지만 통일신라시대 이래 내려온 철불의 전통은 그대로 이어졌고, 통일신라시대의 주요 지방 호족들이 고려의 중앙 귀족으로 신분이 상승되면서 그들이 친근감을 갖고 있던 철

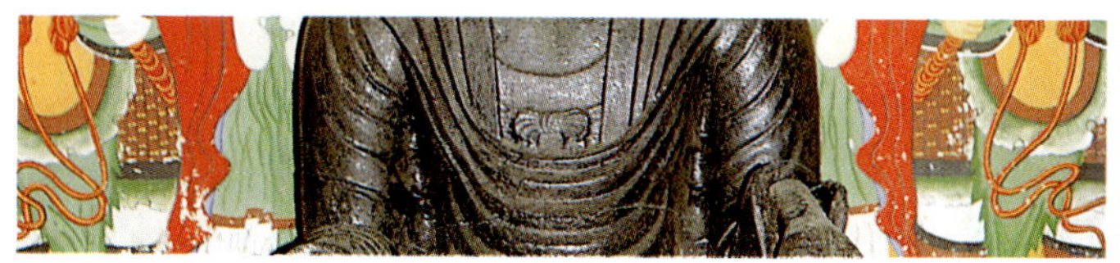

철불은 통일신라 말부터 고려에 이르는 시기에 크게 유행한 점에 비추어 전환기 미술의 일면을 보여 주는 좋은 사례가 되고 있다. 단호사 철불 좌상의 가슴 승각기 부분. 고려시대, 충북 충주시 단월동.

불을 보다 큰 규모로 조성했던 것 같다. 그러나 시간이 흐르면서 점차 그 수요가 줄게 되고, 이전의 금동불이 다시 선호되면서 철불 조성은 드물게 되었다.

철불은 쉽게 산화되어 파손되는 경우가 많았고, 신라 말에서 고려 초에 이르는 비교적 짧은 기간 동안 유행한 때문인지 오늘날까지 전하는 철불은 금동불이나 석불에 비해 수효가 적은 편이다. 하지만 철불에서는 우리가 흔히 만날 수 있는 이웃의 모습과 같은 서민적인 소박함과 친근한 분위기를 느낄 수 있다. 또한 철불은 원각상으로 그 규모가 상당히 큰 것도 있어서 융성했던 불교 문화의 편린을 엿볼 수 있으며, 통일신라 말부터 고려에 이르는 시기에 크게 유행한 점에 비추어 전환기 미술의 일면을 보여 주는 좋은 사례가 되고 있다.

철과 불상

인류가 처음으로 철을 사용한 것은 기원전 4천년경 소아시아 지역에서였다. 기원전 3천년경에는 메소포타미아, 이집트, 소아시아 지역까지 철을 정련하는 기술이 알려졌다.

그러나 철을 실제로 생활에 사용한 철기시대가 시작된 것은 기원전 8세기경이고, 가장 오래된 문명 가운데 하나인 이집트에서는 기원전 6세기가 지나서야 철이 사용되었다. 당시에는 절반쯤 녹은 철을 두드려 물건을 만드는 단철(鍛鐵) 기법이 사용되었고, 유럽에서는 14세기에 이르러서야 주물(鑄物)을 사용하는 주철(鑄鐵) 작업이 이루어졌다.[1]

중국에서는 철로 주조(鑄造)된 농기구와 무기류가 춘추시대 여러 무덤에서 출토되고 있다. 또 근년에 발견된 전국시대(戰國時代, 기원전 5~3세기)의 주형(鑄型)은 주철 기술이 유럽에 비해 1,600년 정도 일찍 보급되었음을 보여 주고 있다. 강소성(江蘇省)의 오국묘(吳國墓)와 호남성(湖南省)의 초국묘(楚國墓) 등에서 철제 조각칼, 끌, 호미, 보습, 단도, 가래 등이 출토된 것은 이같은 사실을 입증하는 사례들이다.

전국시대 초기부터 제철 기술이 발달했다는 것은 문헌에 의해 알려졌으나 땅 속에서 쉽게 부식하는 철의 속성 때문에 중국에서도 남아 있는 유물은 찾아보기 힘들었다. 그러다가 중국 공산당 정권 수립 뒤에 하북, 하남, 산동, 산서, 섬서, 호남, 사천 등 7개 성 22개소의 유적지에서 철제 농기구와 그것의 주형이 발견되어 연구가 진전되기 시작했다.[2]

이처럼 앞선 중국의 철기 문화가 한반도에 들어온 것은 기원전 4세기경이었다. 1927년 평북 위원(渭原)에서 발견된 철도끼와 낫, 화살촉 등을 포함한 철기 유물들은 중국 연(燕) 나라의 피난민들이 가져온 중국 제품으로 추정되고 있다.[3]

압록강과 청천강을 거쳐 대동강 유역으로 들어온 철기 문화 유적에서는 청동검과 함께 철칼·철창 등의 무기류와 등자(鐙子)·재갈 등의 철제 마구가 발견되고 있어 철기 문화와 청동기 문화가 혼합되어 있음을 알 수 있다.

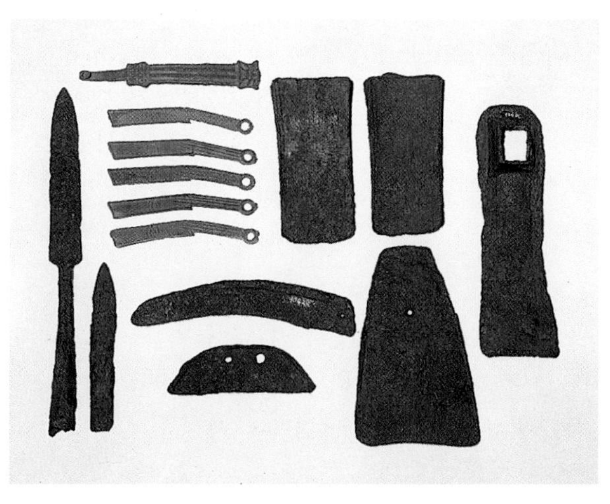

청동기와 철기 평북 위원의 용연동 유적에서 발견된 철기와 청동기이다. 이 철기 유물들은 중국 연의 피난민들이 가져온 중국 제품으로 추정되고 있다. 국립중앙박물관 소장.

　서력 기원 전후에는 이 철기 문화가 낙동강 유역에까지 보급되었는데 경주시 구정동(九政洞)에서 동제품과 함께 발견된 도끼, 괭이, 낫 등의 철제 농기구는 한반도 전역으로 철기 문화가 퍼져나간 것을 보여 준다.

　중국의 영향을 받아 성립된 한반도의 철기 문화는 일본 열도의 야요이(彌生) 문화에 영향을 미쳤다.[4]

　그러면 철이 불상 제작에 사용된 것은 언제부터일까? 불상의 재료가 되는 금속은 『조상양도경(造像量度經)』에 기록된 '금(金), 은(銀), 동(銅), 철(鐵), 석(錫)'의 다섯 가지로 예로부터 5금(五金)이라 부른다. 이 가운데 금과 은으로 불상을 만든 예가 기록에 더러 보이지만 현재 전하는 상은 아주 드물다.

　불상 제작의 재료로써 가장 많이 쓰였던 것은 동(銅)이다. 주로 동에 약간의 주석과 아연 등을 혼합하여 사용하는데 여기에 금을 덧씌운 금동불이 금속제 불상의 대부분을 차지한다.

　다음으로 많이 쓰였던 금속은 철이다. 중국에서는 육조시대(六朝時代)부터 철불을 조성하였는데, 통일신라시대와 카마쿠라(鎌倉)시대에 와서 제작하기 시작한 한국이나 일본에 비해 시기적으로 이른 편이었다.

철불의 주조 기법

금속제 불상을 만드는 방법은 여러 가지이지만, 대체로 금동불은 밀랍 주조법(蜜蠟鑄造法)으로, 철불은 분할 주조법(分割鑄造法)으로 만들어졌다.

밀랍 주조법은 실랍법(失蠟法 : Lost-wax casting)이라고도 하는데 밀랍으로 원형(안틀)을 만들어 주조하는 방법이다.

1. 우선 흙으로 대강의 형태를 만들어 말린 다음 그 위에 밀랍을 바르고 불상을 조각한다.

2. 밀랍에 상(像)의 원형을 조각한 뒤에 진흙과 모래를 섞은 주물토를 두껍게 발라 외형(바깥틀)을 굳히고 열을 가한다.

3. 그러면 밀초는 녹아서 흘러내리게 되는데 그 공간을 용해시킨 금속으로 채운다.

4. 용해된 금속이 말라 굳은 뒤에 바깥틀을 쪼개고 작품을 꺼낸다.[5]

철불을 만들 때 쓰이는 분할 주조법은 다음과 같다.[6]

철불 제작 과정도(분할 주조법)

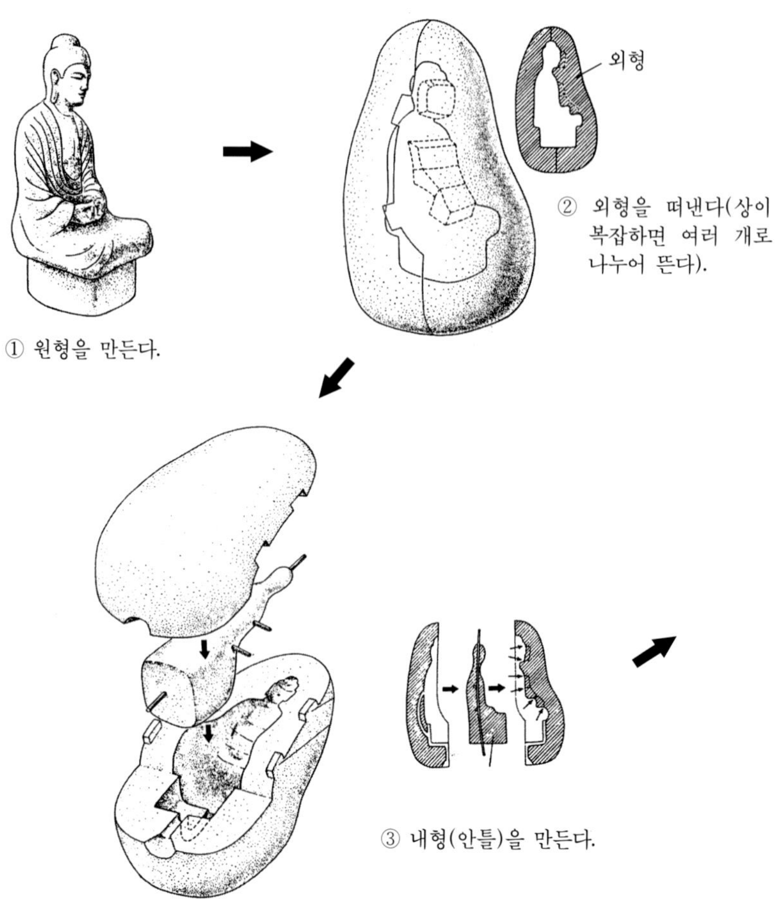

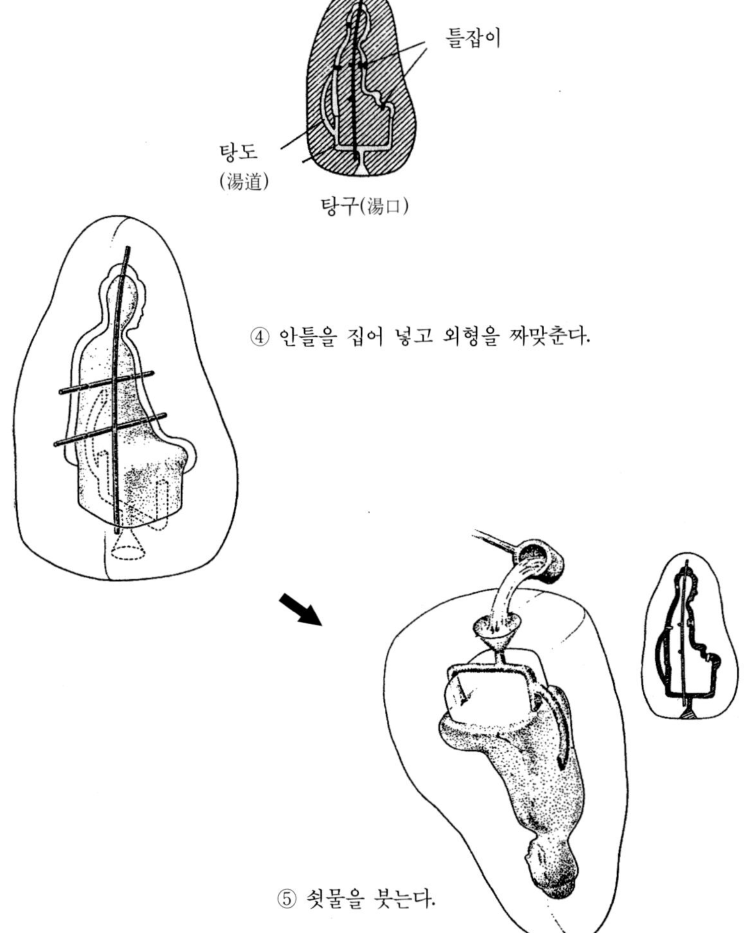

④ 안틀을 집어 넣고 외형을 짜맞춘다.

⑤ 쇳물을 붓는다.

1. 뼈대가 되는 목심(木心)을 세우고 머리나 팔 부위를 지탱할 철심(鐵心)을 목심에 꽂아 고정시킨 뒤, 그 위에 진흙과 모래를 섞은 흙을 붙여 원형을 만든다.

2. 원형에 흙을 붙여서 외형(바깥틀)을 만드는데 그것이 바로 거푸집이 된다. 외형을 만드는 흙은 모래와 점토를 불에 달구어 단단해진 것을 부수어 체에 거른 다음, 고운 흙에는 한지를 넣고 거친 흙에는 짚을 섞어 강도를 높이는 한편 쇳물에서 나오는 가스가 잘 빠지도록 가공한다. 이렇게 만든 흙을 원형에 붙여 외형을 떠낸다.

3. 상이 복잡할 경우, 보통 외형을 여러 개로 나누어 뜬다. 원형이 여러 개의 외형으로 완전히 싸이게 되면 이것들을 원형에서 떼내어 불에 건조시키는데 이는 외형을 견고하게 하고 쇳물이 수분에 닿아 폭발하는 것을 방지하기 위해서이다.

4. 상 내부가 비도록 하기 위해서는 주물 단계에서 흙으로 내형(안틀)을 만들어야 하는데 원형과 유사한 형태로 마치 원형을 한 껍질 벗긴 것과 같은 모양의 내형이 필요하다.

5. 외형을 짜맞춘다. 이때 내형을 그 안으로 집어 넣는다. 내형이 안에서 움직이지 않고 외형과 일정한 거리를 유지하고 쇳물이 흘러 들어가는 탕도(湯道)가 막히지 않도록 긴 못이나 틀잡이(형지)로 외형과 내형을 고정시킨다.

6. 외형의 조각조각을 연결하는 부위는 점토를 물에 녹여서 접착시키거나 밖에서 못으로 단단히 맞춘 다음에 다시 불로 건조시킨다.

7. 쇳물이 흘러 들어가게 한다. 쇳물을 부을 때 중요한 부분이 아래에 오도록 거꾸로 세우면, 압력 때문에 실패가 적고 가스가 위로 빠져 기포가 생기지 않는다.

8. 쇳물이 식으면 외형을 나누어 완성된 상을 꺼낸다.

9. 손이나 세부 조각은 따로 주조하여 이어 붙인다.

10. 표면에 옻칠을 한 뒤 도금한다.

이렇게 완성된 철불 표면에는 약간 도드라져 나온 이음매가 종종 보이는데 이것은 외형의 이음매에 쇳물이 들어가서 생긴 자국이다. 이런 이음선이 가장 많이 생기는 곳은 앞·뒷면이 만나는 상의 옆 부분과 팔이 몸체에 붙는 곳 등이다.

철불 표면에 이음매가 나오지 않도록 외형을 짜맞출 때 흙으로 덮기도 한다. 분할 주조법으로 만들어진 철불인데도 측면의 선 외에 이음매가 보이지 않는 것은 이 때문이다.

금동불에서는 끝손질할 때 끌로 이음매를 없애버릴 수 있으나 철불에서는 이음매를 없애는 데 많은 어려움이 있어 아예 호분을 입혀 채색을 하거나 금을 입힌다.

현재까지 전하는 많은 철불들에서 호분이나 금을 입혔던 흔적이 보이며, 호분이 벗겨진 지금은 이음매가 더욱 뚜렷이 나타난다. 국립중앙박물관 소장의 광주(廣州) 철불과 같은 커다란 상은 앞면에 여러 가닥의 이음매가 드러나 있어 외형이 여러 조각이었음을 알 수 있다.

이같은 주조 방법으로 인해 다른 불상과는 달리 철불의 조상기(造像記)는 대개 양각(陽刻)으로 되어 있다. 금동불에서는 주조한 다음 끌로 파서 음각으로 문자를 새길 수 있지만 철불은 금동불에 비해 표면이 견고하여 글씨를 새기는 일이 어렵기 때문에 양각으로 주조할 수밖에 없다. 이때 외형에는 문자의 좌우를 바꾸어 써야만 상에 바르게 나타난다. 보림사 철조 비로자나불 좌상의 팔 뒤에 양각된 명문은 그 좋은 예이다.

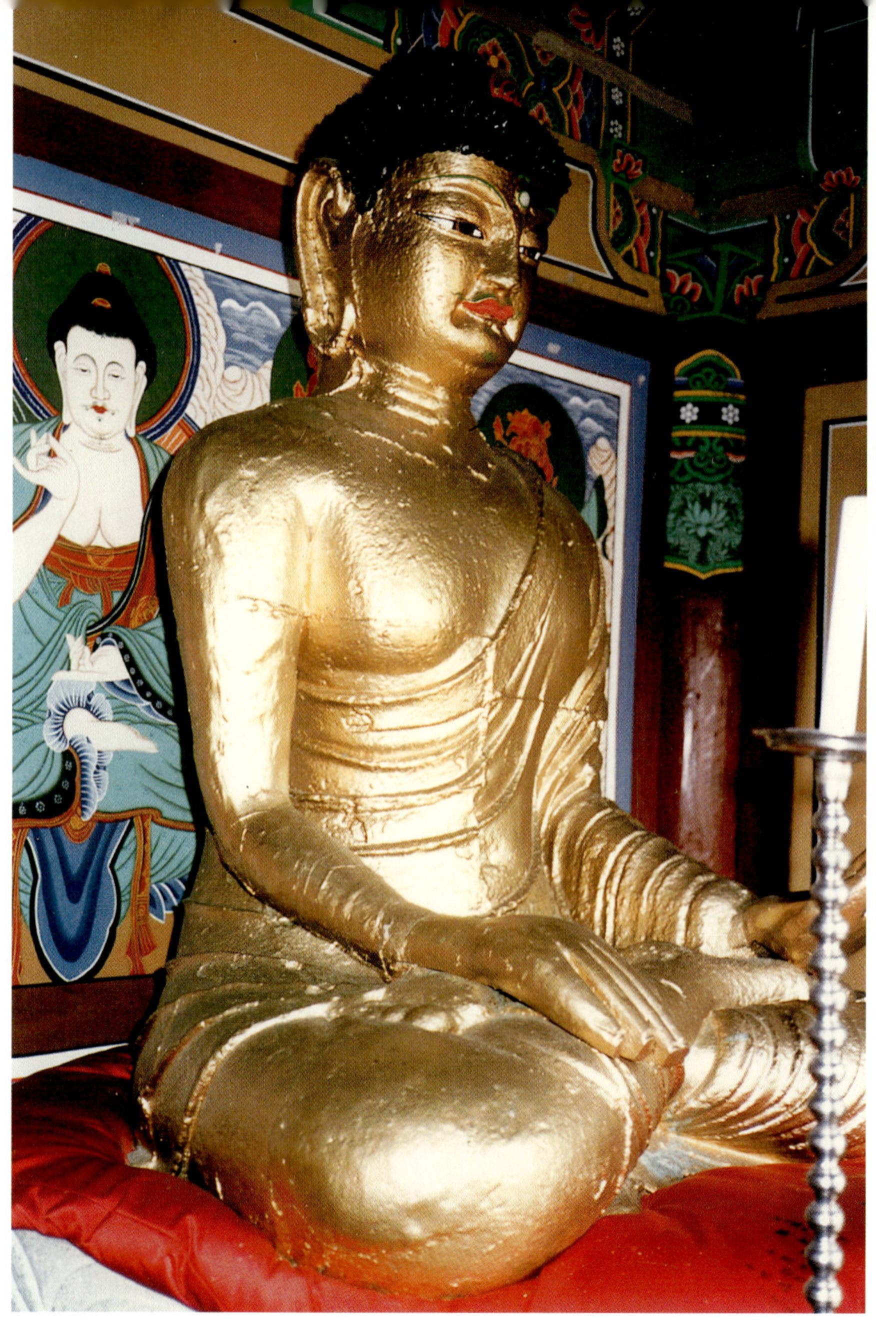

18 철불의 주조 기법

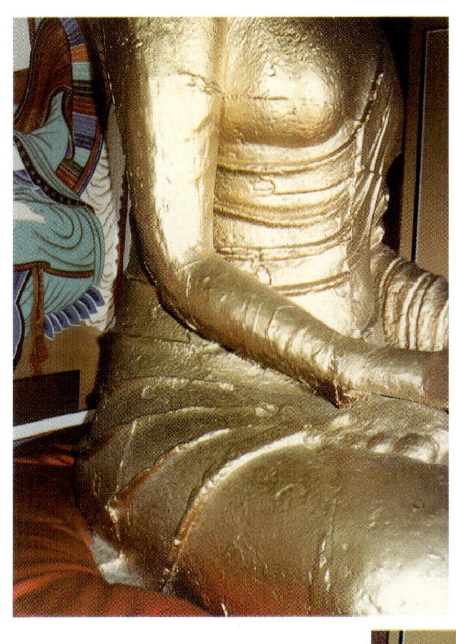

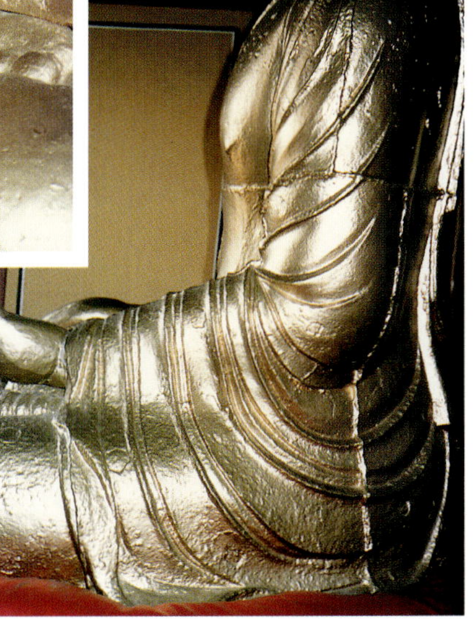

영천 선원동 철불 좌상 대부분의 철불은 제작 과정에서 생긴 이음매가 보이지 않도록 하기 위해 호분이나 금을 입혀 흔적을 없앤다. 영천 선원동 철불 좌상은 이같은 이음매의 흔적이 그대로 드러나 있어 철불 제작의 한 과정을 이해하는 데 많은 도움이 된다. 이음매가 가장 많이 생기는 곳은 상의 앞·뒷면이 만나는 옆 부분과 팔과 몸체가 붙는 부분 등이다. 고려시대, 상 크기 151센티미터, 경상북도 영천군 임고면 선원리 선정사.

중국의 철불

중국에서는 동의 수요에 비해 산출되는 양이 적었기 때문에 일찍부터 종을 비롯한 여러 불교 공예 제품을 철로 제작했다. 그래서 이미 보편적으로 사용되고 있던 철을 이용하여 불상을 만드는 것에 별다른 저항감이 없었던 것 같다.

산동성에서 출토된 석비문(石碑文)에는 북제(北齊) 하청 2년(563)에 철조 장륙상(鐵造丈六像)이 조성되었고, 『태평광기(太平廣記)』에는 수(隋) 개황 연간에 "높이 70척의 철상이 주조되어 분수(汾水) 서쪽 대불사(大佛寺)에 봉안되었다"고 전한다. 또 9세기 중엽 중국을 여행한 일본의 순례승 엔닌(圓仁)이 쓴 『입당구법순례행기(入唐求法巡禮行記)』에는 태원부 개원사(開元寺)에서 철제 미륵불상을 보았다고 씌어 있다. 이 밖에도 여러 비문과 문헌들에 철불에 대한 기록들이 보인다.

중국의 철불에 관한 기록을 종합해 보면 철불은 당대(唐代)에 많이 제작되었다. 특히 당말 오대(唐末五代)와 송대(宋代)에 걸쳐 철불 조성이 크게 유행하였으며, 명(明)·청(淸)대까지 철불 제작이 계속되었음을 알 수 있다. 이는 육조시대 이래 동 생산의 부족으로

동금령(銅禁令)이 선포되어 동 대신 철을 사용하도록 했기 때문이다.[7]

철불은 중국 전역에서 조성되었지만, 특히 산서 지방에서 제작된 철불에 대한 기록이 많다. 이는 산서 북부에 양질의 철광이 많아서 당대부터 제철이 성행한 것과 밀접한 관련이 있다.

현재 전하고 있는 대부분의 중국 철불은 오대·송 이후에 제작된 것이다. 그 이전의 철불이 거의 남아 있지 않은 이유는 당대까지 조성되었던 철불들은 당 무종(841~846년)의 폐불(廢佛) 정책으로 대부분 파괴되었기 때문이다. 이는 845년 가을 중서성(中書省)에서 올린 주(奏)에 "천하 폐사(廢寺)의 동상과 동종, 동제 풍경(風磬)은 염철사(鹽鐵使)에 보내져 동전으로 만들고 철조상은 본주(本州)에 보내져 농기구로 제작될 것이며, 금·은·놋쇠상은 녹여서 탁지(度支)에 보낸다. 벼슬아치나 서인들의 집에 있는 금·은·동·철상은 속령이 반포된 지 한 달 이내에 관에 바치고 이를 어길 경우에는 염철사에서 동금령에 의거하여 처벌한다. 단 흙, 나무, 돌로 된 상들은 원래 있는 사찰에 그대로 봉안될 수 있다"는 내용이 있는 것으로 미루어 짐작할 수 있다.[8]

현재 전하는 철제상으로는 일본의 쿄토(京都)국립박물관에 소장돼 있는 당대 보살두를 비롯하여 오대나 송 이후에 제작된 불상이 많다.

기년명(紀年銘 ; 제작 연대가 확실한) 상으로는 일본의 개인 소장품인 후당 동광 2년(924)명의 철조 보살 입상과 소장처가 알려지지 않은 철조 보살 입상(924년), 그리고 후당(923~936년)대의 승려상이 전하고 있다. 이 밖에 오대 오월국의 전홍숙에 의해 961년경에 세워진 강소성 소주(蘇州) 호구탑(虎丘塔)에서도 철조 불감(佛龕)이 발견되었다.

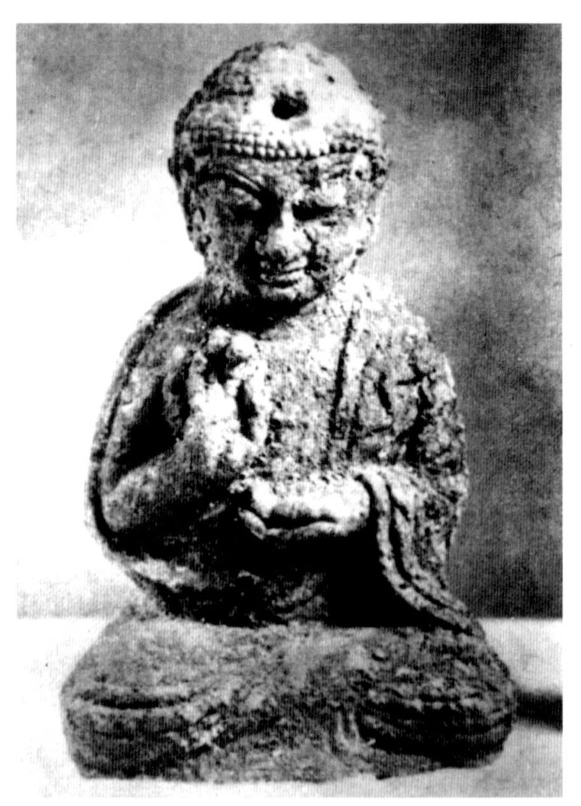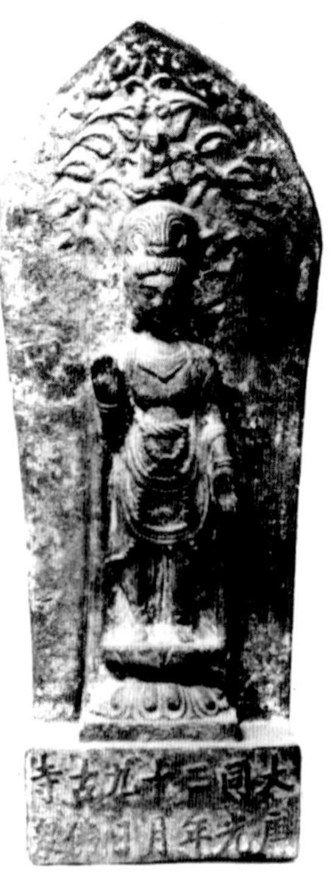

중국의 철불 현재 전하고 있는 대부분의 중국 철불은 오대·송 이후에 제작된 것이다. 그 이전의 철불들은 당 무종의 폐불 정책으로 거의 파괴되었기 때문이다. 북송대인 1062년경에 주조된 것으로 보이는 절강성 금화 만불탑에서 출토된 철불 좌상(위 왼쪽), 후당 동광 2년(924)에 제작된 철조 보살 입상(위 오른쪽), 후당(923~936년)의 철조 승려상(옆면).

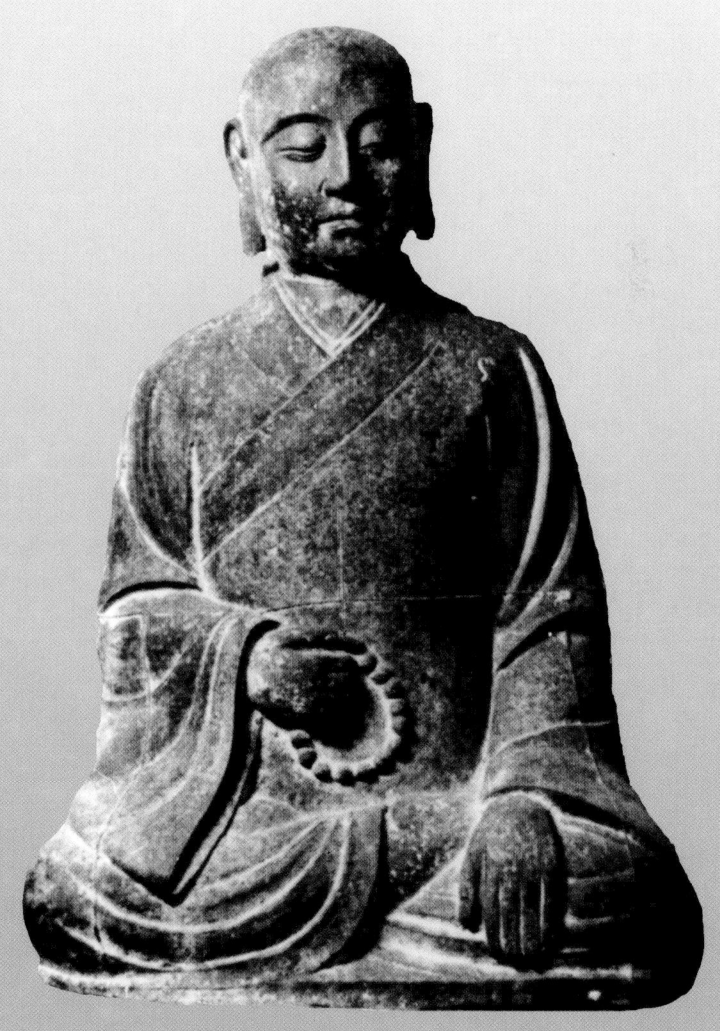

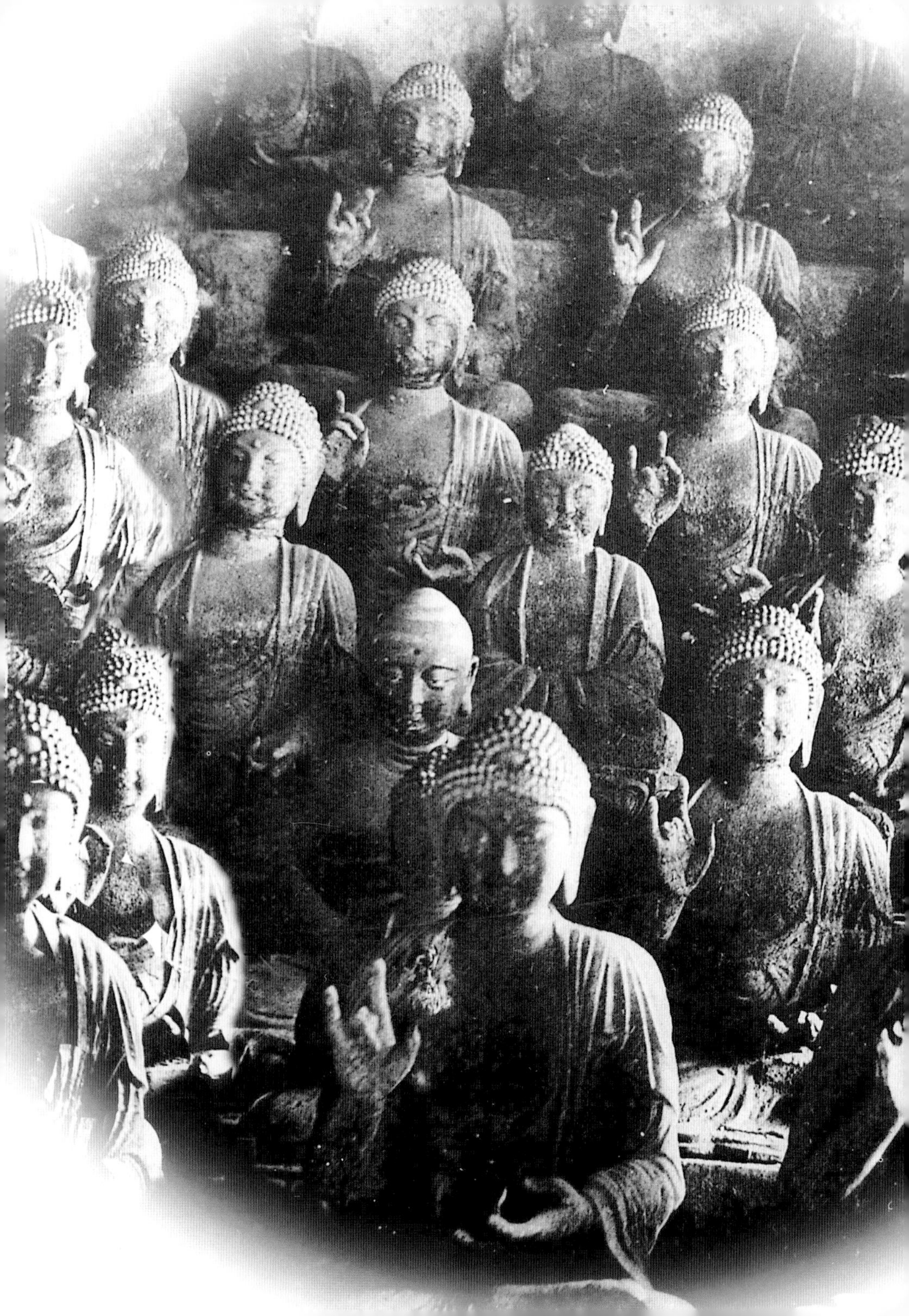

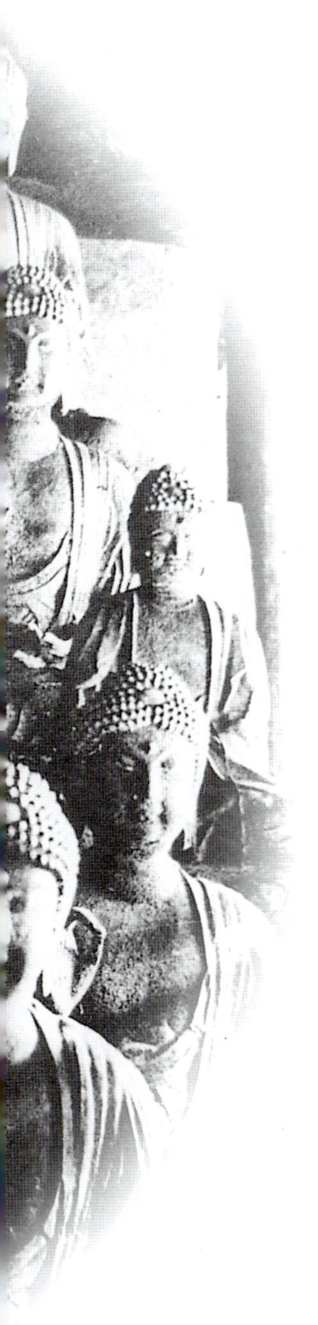

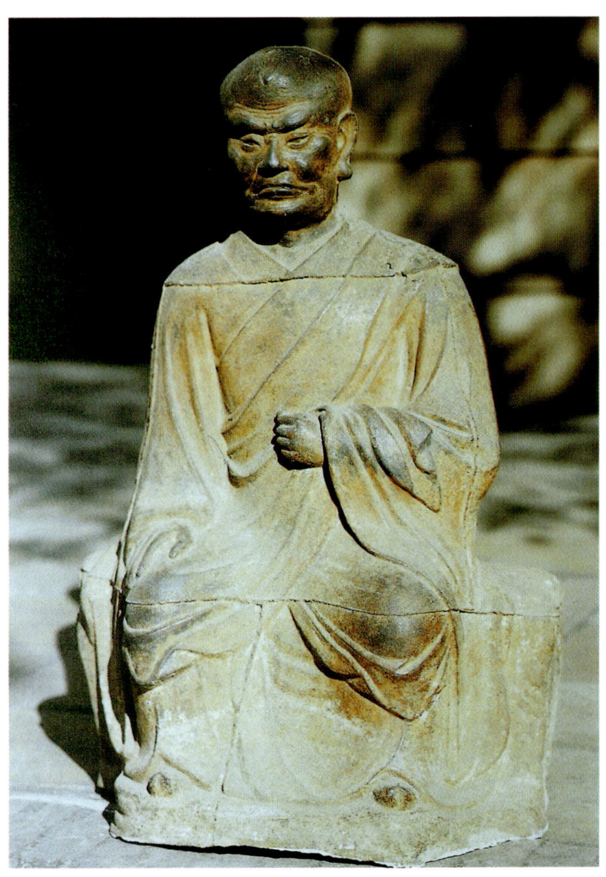

중국의 철불 중국의 철불은 양질의 철광이 풍부하게 매장돼 일찍부터 제철이 성행했던 산서 지방에서 특히 많이 제작된 것으로 기록되어 있다. 산서성 교성현의 석벽산에 위치한 현중사 천불각의 천불 가운데 일부(왼쪽), 산서성박물관에 소장돼 있는 북송대의 철조 나한상(위).

북송대에 들어와서도 계속 철불 제작이 성행했다. 1062년경 건립된 절강성(浙江省) 금화(金華) 만불탑(萬佛塔)에서 출토된 64구 가운데 4구가 철조상이며, 산서성박물관에는 북송대의 철조 나한상 2구가 있다. 또 쿄토국립박물관에는 북송 정화(政和) 2년(1112)명 철조 관음보살상이 소장되어 있다. 특히 산서성 교성현 석벽산에 있는 현중사(玄中寺) 천불각에는 크기가 70센티미터 정도인 철불이 20세기 초까지 225구가 전하고 있었다. 또 그 가운데는 북송 1101년부터 1104년, 1108년, 1109년에 걸쳐 제작된 것으로 추정되는 불상 139구가 있었으나 현재는 전하고 있지 않다.[9]

명대의 철불로는, 오대산 만수사(萬壽寺) 정전(正殿)의 철불 4구와 철조 나한상 320여 구, 중전(中殿)의 철조 나한상 40여 구가 전해 온 기록이 있다.[10]

중국의 철조 불상은 철이 오랜 기간에 걸쳐 사용되어 온 익숙한 재료라는 것을 보여 주듯 조형감이 뛰어나고 표면의 이음새도 두드러지지 않아 금동불과 비교하여 크게 뒤지지 않는다. 이같은 중국의 철불은 우리나라의 철불 제작 기법이나 조성 양식에 많은 영향을 주었다.

우리나라의 철불

우리나라에서는 철불이 금동불이나 석불처럼 전시대에 걸쳐 꾸준히 제작되지는 않았다. 통일신라 말부터 고려 초에는 많이 조성되었지만 조선시대에 들어오면 거의 만들어지지 않았음을 볼 수 있다. 통일신라의 경우, 수도 경주보다는 지방에서 많이 조성되었는데 이는 선종 구산(禪宗九山)의 개창과도 관련이 있을 것이다.[1]

선종 구산은 통일신라부터 고려 초에 이르기까지 개창된 9개의 선문파를 말한다. 남원 실상사의 실상산문(實相山門), 장흥 보림사의 가지산문(迦智山門), 혜철(惠哲)의 동리산문(桐裏山門), 강릉 굴산사의 사굴산문(闍崛山門), 보령 성주사의 성주산문(聖住山門), 영월 흥녕사의 사자산문(獅子山門), 문경 봉암사의 희양산문(曦陽山門), 창원 봉림사의 봉림산문(鳳林山門), 해주 광조사의 수미산문(須彌山門)이 곧 선종 구산이다.

우리나라 철불이 어느 특정 시기에만 유행하였고, 현재 전하는 철불 가운데에도 조상 명문이 알려진 예가 몇 구에 불과하므로 철불 조성의 시기 구분에는 어려움이 따른다. 또 양식상으로 나말 여초기에 제작된 것이라고 볼 수 있는 철불들도 그 출토지와 조성 시

철 생산지와 철불 분포[12]

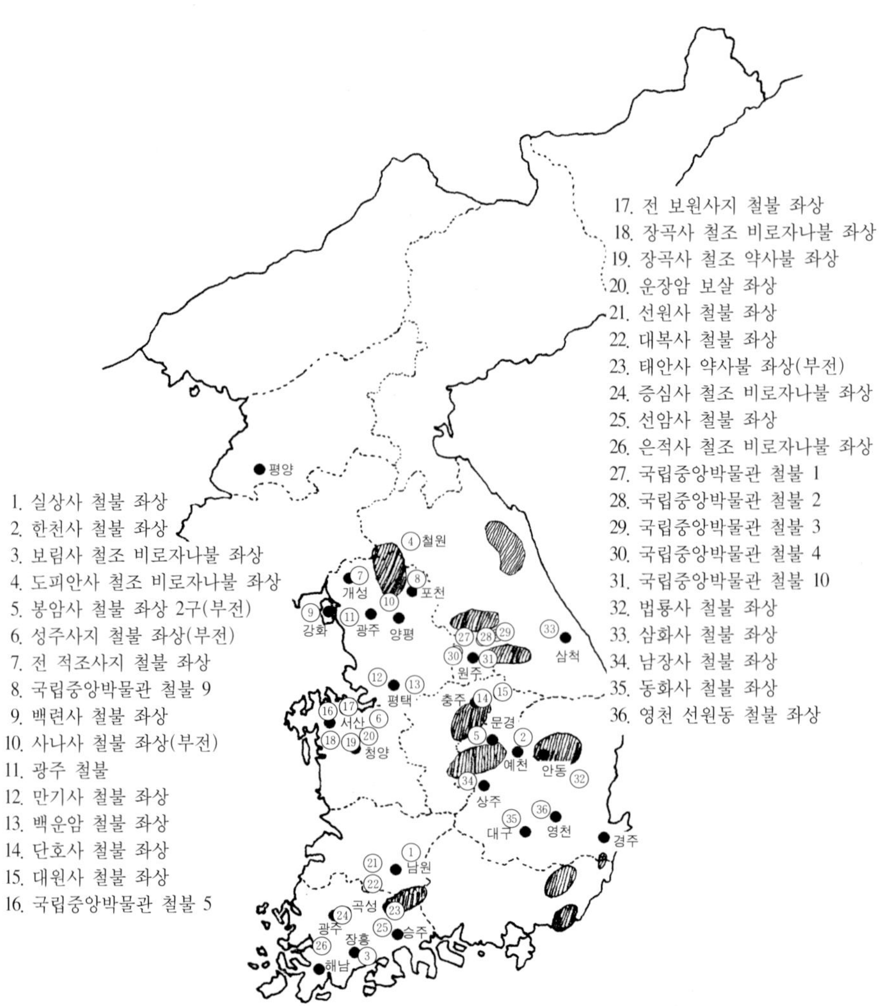

1. 실상사 철불 좌상
2. 한천사 철불 좌상
3. 보림사 철조 비로자나불 좌상
4. 도피안사 철조 비로자나불 좌상
5. 봉암사 철불 좌상 2구(부전)
6. 성주사지 철불 좌상(부전)
7. 전 적조사지 철불 좌상
8. 국립중앙박물관 철불 9
9. 백련사 철불 좌상
10. 사나사 철불 좌상(부전)
11. 광주 철불
12. 만기사 철불 좌상
13. 백운암 철불 좌상
14. 단호사 철불 좌상
15. 대원사 철불 좌상
16. 국립중앙박물관 철불 5

17. 전 보원사지 철불 좌상
18. 장곡사 철조 비로자나불 좌상
19. 장곡사 철조 약사불 좌상
20. 운장암 보살 좌상
21. 선원사 철불 좌상
22. 대복사 철불 좌상
23. 태안사 약사불 좌상(부전)
24. 증심사 철조 비로자나불 좌상
25. 선암사 철불 좌상
26. 은적사 철조 비로자나불 좌상
27. 국립중앙박물관 철불 1
28. 국립중앙박물관 철불 2
29. 국립중앙박물관 철불 3
30. 국립중앙박물관 철불 4
31. 국립중앙박물관 철불 10
32. 법룡사 철불 좌상
33. 삼화사 철불 좌상
34. 남장사 철불 좌상
35. 동화사 철불 좌상
36. 영천 선원동 철불 좌상

기가 명확하지 않아 통일신라와 후삼국, 고려의 어느 시기에 해당되는 상인지 확실하지 않은 경우가 많다.

대체로 우리나라의 철불은 거의 여래상으로 금당(金堂)의 주존(主尊)으로 조성되었으며 크기가 작은 상이 드물다. 삼존불의 예배상으로 봉안되어도 본존만을 철불로 조성하고 좌우 협시보살은 소조(塑造) 등 다른 재료로 제작했던 것으로 짐작되고 있다.

통일신라시대의 철불

우리나라에서 철불이 제작되기 시작한 것은 대체로 통일신라 하대부터이다.[13] 이 시기는 절대 왕권이 쇠퇴하고 귀족들의 왕위 쟁탈전으로 중앙의 정치적 기반이 흔들리는 반면 지방 호족 세력이 대두하던 때였다.

불교계에서는 8세기 말 당에서 돌아온 도의 선사를 필두로 많은 유학승들이 중국으로부터 선사들의 법을 배워 돌아왔으며, '교외별전 불립문자 직지인심 견성성불(敎外別傳不立文字直指人心見性成佛)'이라는 새로운 기치를 내세운 선종 불교는 신선한 충격으로 파급되기 시작했다.

이에 자극받은 지방 호족들은 자신들의 세력권 안에 대가람을 창건하여 중국에서 돌아온 선사들을 모셔서 정신적인 지주로 삼고자 했다. 바야흐로 불교가 지방으로 널리 확산될 수 있는 사회적 여건이 조성되어 지방에서도 사찰을 건립하고 불상을 주조하는 일이 빈번하게 된 것이었다. 현재 전하는 통일신라 철불의 대부분이 선종 사찰에 봉안되어 있는 것은 이러한 추측을 뒷받침한다.

당시 많은 신라 승려들이 당으로 건너가 선종 조사들의 문하에서 수행하거나 공부를 마친 뒤 여러 조사들을 친견하고 오대산이나 천태산과 같은 불교 성지를 순례하였는데 이때 중국에서 널리 조성되던 철불에 대한 이해가 생겼던 것으로 보인다.

이 밖에도 철불을 조성하게 된 현실적인 요인이 여러 가지 있겠지만 우선 경제적인 측면에서 살펴보면 다음과 같다.

철불 조성 비용이 금동불 제작보다 적게 들어 규모가 큰 상을 제작할 때도 부담이 적었을 것이다. 또한 철은 호족들이 거느리고 있는 사병들의 무기나 용구들을 제작하기 위해 항상 준비하고 있던 금속이므로 손쉽게 구할 수 있었고, 신라 말부터 철광 채굴이 증가했던 점도 철불 유행의 한 원인으로 꼽을 수 있다.

또한 신라 하대에는 지나친 사치를 경계하여 절을 창건하는 것을 국가적으로 금하고 중수만 허락했다. 보림사 철조 비로자나불 좌상을 발원, 조성한 김수종(金遂宗)이 헌안왕의 허락을 받고서야 불상을 조성하였다는 조상 명문을 보면 불상 조성에 대해서도 국가적인 규제가 있었던 모양이다.

이러한 규제에 대해 자세히 살펴보면 흥덕왕 9년(834)에 반포된 교서에 따르면 신분에 따라 복색(服色)과 거기(車騎) 등을 규제했는데 진골 귀족의 옷과 수레의 장식에 금, 은, 옥의 사용을 제한하였다. 한편 육두품 이하 평민들에게는 놋쇠, 철, 동을 주로 사용하게 했다. 철제품을 육두품 이하 평민에 이르는 하층민에게 사용하도록 한 규정을 볼 때 당시 철이라는 금속에 대한 사회의 인식이 어떠했는지를 짐작할 수 있다.

주조법에 있어서는 철불의 제작 공정이 금동불보다 까다로웠지만, 오랫동안 금동불 주조를 통해 축적된 기술을 철불에 응용하는데에는 별 어려움이 없었을 것이다. 또 철불이 목조불이나 석불에 비해 제작 기간이 짧고 소조불에 비해 견고하다는 이점도 있었다.

이와 같이 신라 하대부터 나타나기 시작한 철불은 후삼국시대를 거쳐 고려 초기까지 성행하였다. 그 조성 연대를 알 수 있는 가장 이른 철불상은 859년에 제작된 장흥 보림사 철조 비로자나불 좌상이지만, 실제로는 이보다 이른 9세기 전반부터 제작됐을 것으로 보인다.

조성 연대를 알 수 있는 철불로는 보림사 철조 비로자나불 말고도 863년에 조성된 도피안사의 철조 비로자나불 좌상이 있다. 또 현재는 전하고 있지 않으나 881년경에 문경 봉암사에 2구의 철불이 조성되었다는 기록이 있다.

봉암사는 경북 문경군 가은면 원북리에 있는 사찰로 구산 선문 가운데 지증 대사 도헌(道憲)에 의해 개창된 희양산문의 본산이다. 봉암사를 창건하는 과정에서 물줄기를 끌어들이고 철불상으로 기운을 눌렀다는 내용이 지증 대사 비문에 있는데 이는 풍수지리설의 비보사상과 연관이 있는 것으로 주목된다.

현재 이곳에 남아 있는 지증 대사의 비문에는 헌강왕대에 심충(沈忠)이라는 자의 요청으로 당우를 건립하고 철불상 2구를 조성했다는 기록이 있다. 탑비의 조성 연대가 헌강왕 7년(881)이므로 철불은 그 이전에 제작되었을 듯한데, 1935년 봉암사를 조사하였을 때에 철불 1구가 손상된 상태로 남아 있었으나 최근에 완전히 파손되었다.[14] 또한 성주사(聖住寺)에도 근세까지 철불상이 있었다고 전한다.[15]

이상에서 살펴본 바와 같이 9세기에는 실상사, 성주사, 보림사, 봉암사와 같은 지방의 선종 사찰들을 중심으로 철불이 주조되었다. 그러다가 고려시대에 들어와서는 중앙 지역의 불상까지 철로 제작된 것으로 보인다.

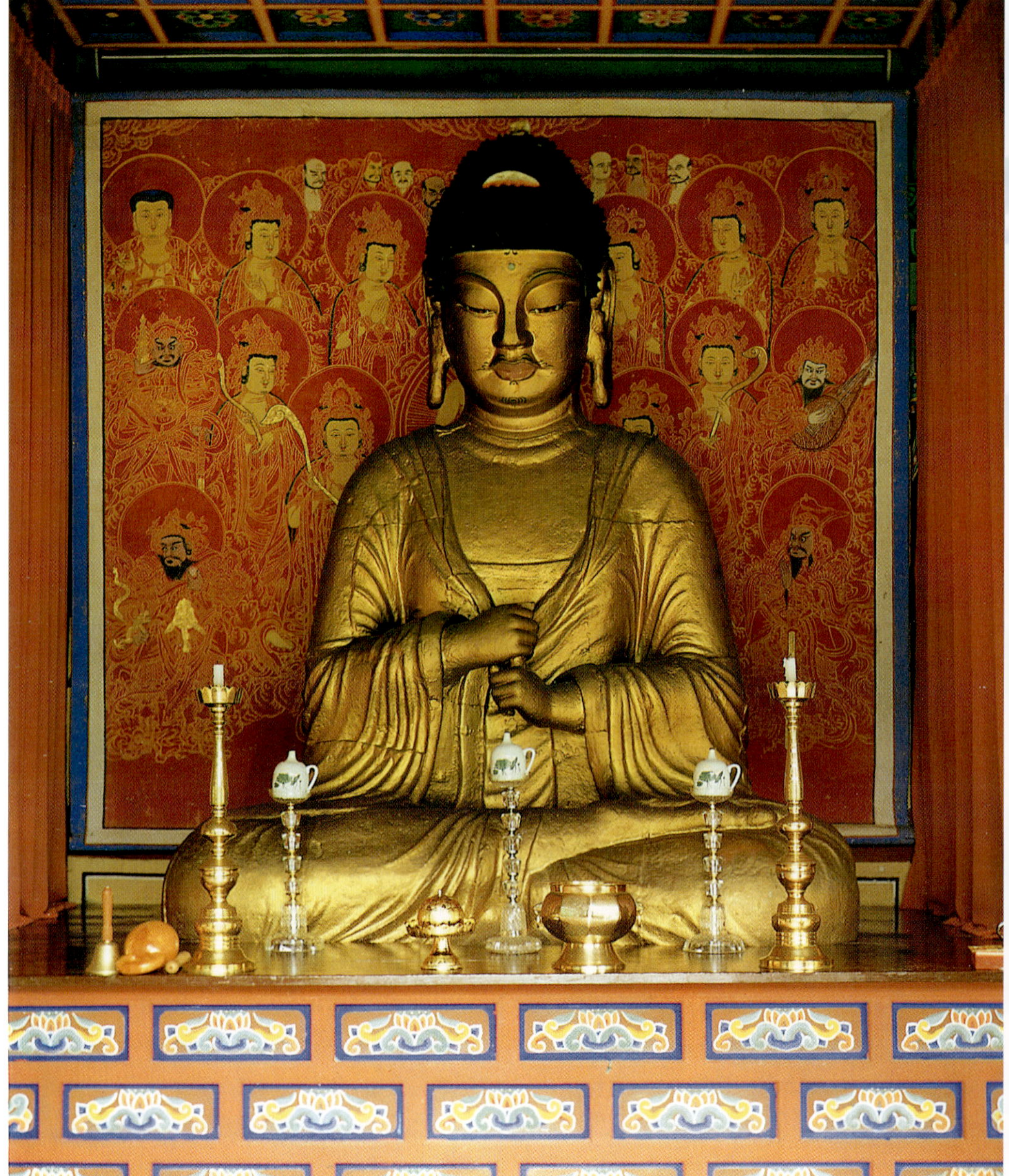

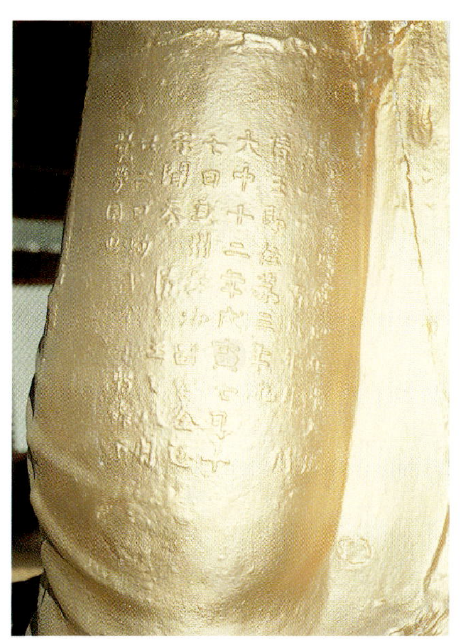

보림사 철조 비로자나불 좌상과 조상기 당시 지방 유지의 발원에 의해 가지산문의 본산인 보림사에 안치됐던 주존 노사나불이다. 통일신라 859년, 상 크기 273.5센티미터, 전남 장흥군 유치면 봉덕리(옆면). 특히 왼팔 뒤쪽에는 조성기가 양각되어 있어 한국 미술사의 불교 조각 편년 설정에 중요한 역할을 한다(왼쪽).

축서사 석조 비로자나불 좌상 보림사 철조 비로자나불 좌상과 비슷한 시기에 제작된 이 상은 9세기 중앙 불상 양식을 보여 주고 있지만 보림사 철불은 추상화된 지방 양식을 띠고 있다. 통일신라 867년경, 상 크기 109.8센티미터, 경북 봉화군 물야면 문수산(아래).

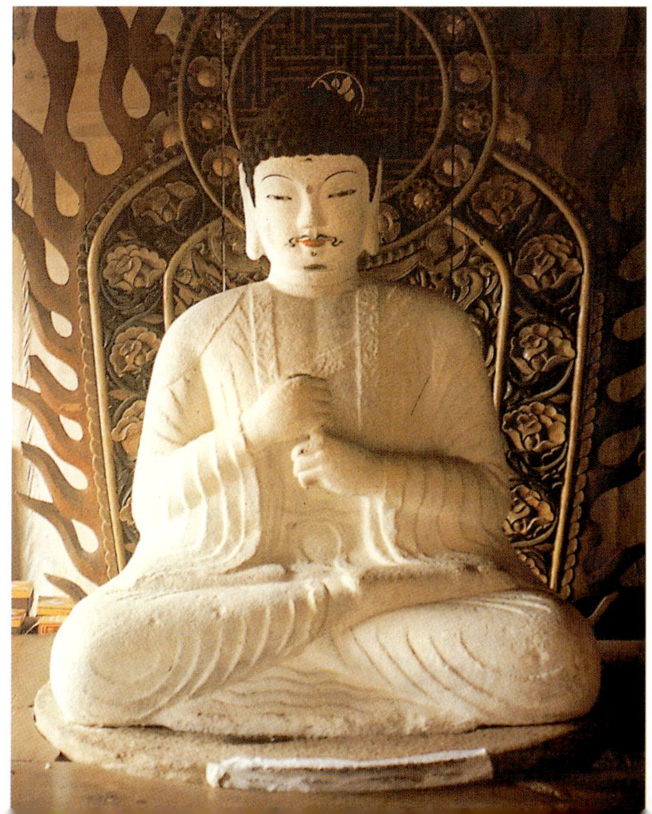

보림사 철조 비로자나불 좌상

전남 장흥군 유치면 봉덕리에 있는 보림사(寶林寺)에 전해 오는 불상이다.

보림사는 선종 구산의 하나인 가지산파가 개창된 유명한 사찰로 근세까지 번창하였으나 6·25동란 때 전각은 모두 소실되고 이 철불과 3층석탑 2기, 보조 선사 체징(體澄, 804~880년)의 부도, 비 등만이 남아 있다.

근래 지어진 금당의 주존불로 봉안되어 있는 이 철불은 약 273.5센티미터 크기의 매우 큰 불상으로 불상의 왼팔 뒷면에는 해서체로 8행의 불상 조성기(佛像造成記)가 양각되어 있다. 그 내용을 보면 "헌안왕 3년(859) 무주(武州) 장사(長沙)의 부관(副官)이던 김수종이 불상 만들 것을 임금님께 간청하였는데 임금인 정왕(情王)이 8월 22일에 이를 허락하니 수종은 피곤한 줄도 모르고 열심히 불상을 조성했다"는 것이다.[16] 또 보조 선사의 탑비명에는 "부수(副守) 김언경(金彦卿)이 사재(私財)를 들여 2,500근의 철로 노사나불(盧舍那佛) 한 구를 조성해 장 선사(莊禪師)가 계시는 절에 모셨다"는 내용이 새겨져 있다. 여기서 김언경은 김수종이며, 장 선사는 보림사를 중수한 체징, 정왕은 헌안왕을 가리킨다.

불상을 살펴보면 머리 부분의 크기에 비해 어깨가 좁고 지권인(智拳印 : 비로자나불의 수인. 이 손 모습은 이(理)와 지(智)가 둘이 아니듯 중생과 부처도 다른 것이 아니며, 깨달음과 미혹함 역시 본래 하나라는 뜻을 나타낸다.)을 한 두 손은 아주 작아서 비례 면에서 균형감이 떨어진다.

육계(肉髻)는 크고 우뚝하며 나발(螺髮)이 발달했다. 그런데 나발은 머리와 육계 사이에 둥근 보주가 박힌 중계주와 함께 흙으로 덧붙인 것으로 보아 보수한 듯하다.

존안(尊顏)은 살이 있는 달걀형으로 눈썹과 눈은 활처럼 휘어 올라갔고 우뚝한 코의 콧등은 편평하다. 인중은 사다리꼴로 돌출하였으며 입술은 두툼하다.

법의(法衣)는 양어깨가 모두 가려지는 통견의(通肩衣)로 가슴 부분이 V자형으로 파져 있으며 옷주름은 느슨하게 축 늘어져 있다.

전체적으로 8세기의 불상들에 비해 사실성이 떨어지고 추상화되었으며, 비슷한 시기에 조성된 동화사(863년)나 축서사의 석조 비로자나불 좌상(867년경)과는 달리 지방화된 모습을 보여 준다.

그러나 여러 가지 면에서 이 불상이 지닌 불교 미술사적 의의는 크다고 하겠다. 첫째, 보림사 철조 비로자나불 좌상은 9세기 중엽의 정확한 기년(記年)작으로 당시 불교 조각의 편년 설정에 매우 중요하다. 둘째, 선종 구산 선문 가운데 하나인 가지산문의 본산에 모셔졌던 주존 노사나불이라는 점, 셋째로 지방 유지(有志)의 발원으로 조성된 불상이라는 점이다.

지방에 선종 사찰이 속속 창건되고 아울러 이와 같은 불상들이 제작된 것은 중앙에 편중되어 있던 불교 문화가 신라 하대에 이르러 전국적으로 널리 확산되고 있음을 보여 주는 좋은 예라 하겠다. 이같은 예는 도피안사 철불 좌상에서도 잘 드러나고 있다.

도피안사 철조 비로자나불 좌상

도피안사는 강원도 철원군 동송면 관우리에 있는 오래된 절로 이곳에는 통일신라시대의 3층석탑(보물 제223호)과 철조 비로자나불 좌상(국보 제63호)이 전하고 있다.

이 철불의 크기는 약 103.5센티미터로 광배(光背)는 없어졌다. 그러나 같은 철로 제작된 대좌(臺座)를 가지고 있는데, 이처럼 대좌까지 쇠로 만든 것은 지금까지 알려진 거의 유일한 경우에 속한다.

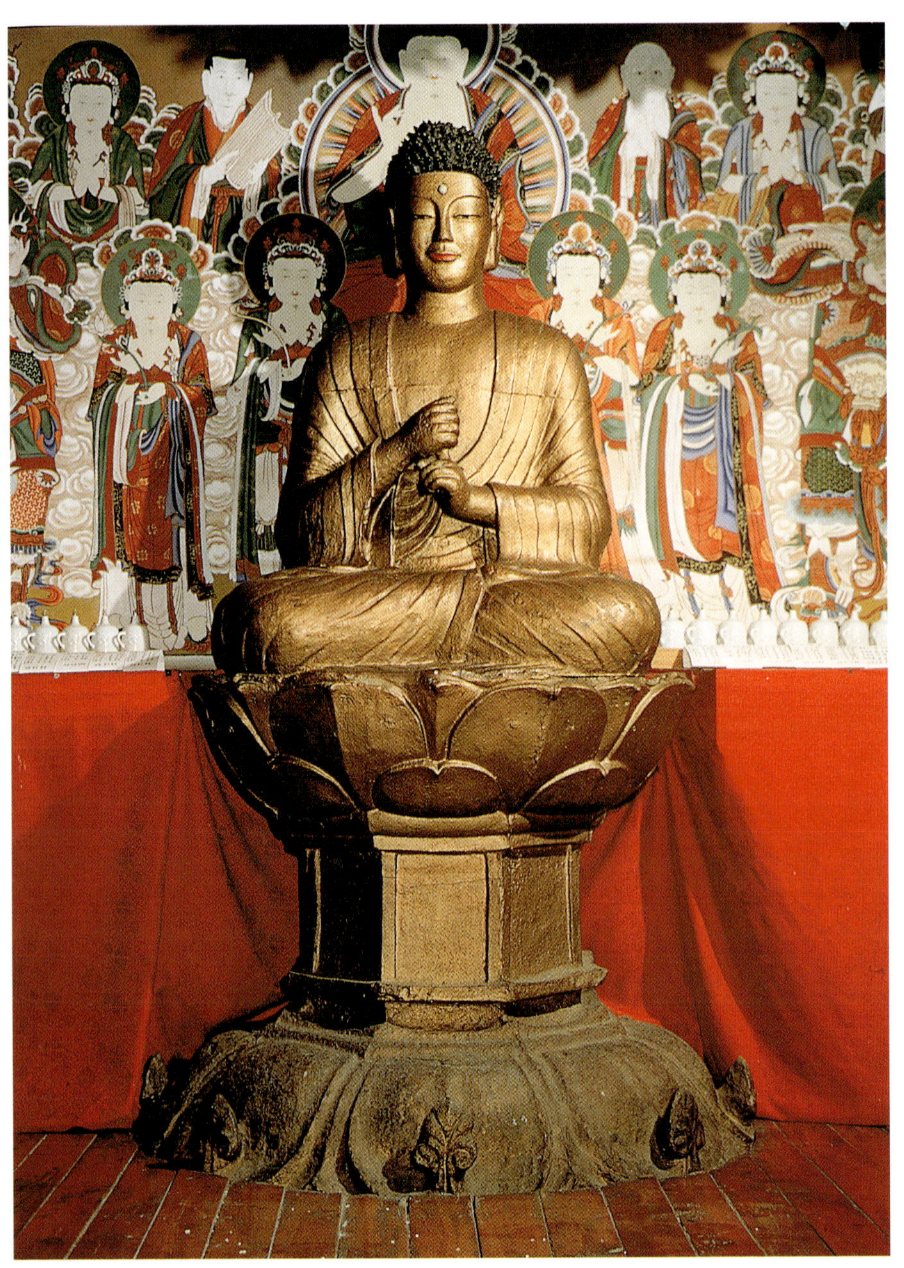

36 우리나라의 철불

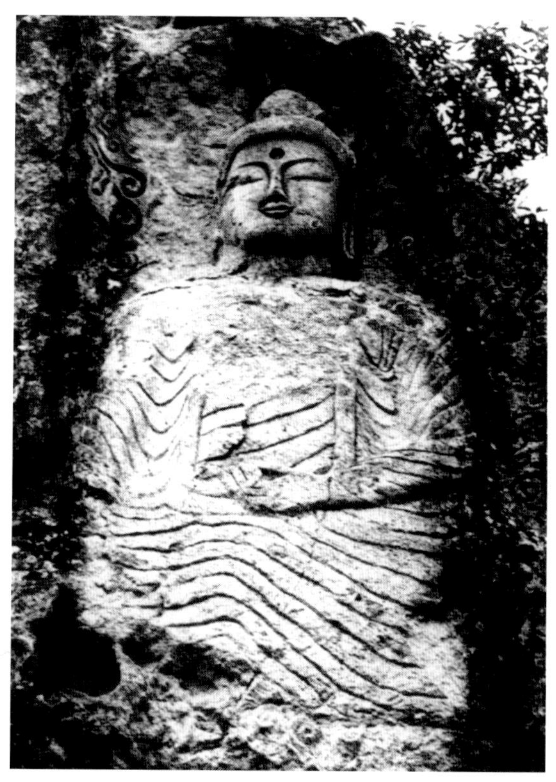

도피안사 철조 비로자나불 좌상 당시 지방 민중에 전파돼 있던 불교 신앙의 편린을 볼 수 있는 불상으로 철제 대좌 위에 모셔져 있다. 대좌까지 철로 제작된 것은 지금까지 알려진 거의 유일한 경우이다. 신라 중대 불상에 비해 전체적으로 입체감이 부족하여 섬약한 느낌을 준다. 통일신라 865년, 전체 크기 184.5센티미터, 상 크기 103.5센티미터, 강원도 철원군 동송면 관우리(옆면).

월성 골굴암 마애불 도피안사 철조 비로자나불 좌상과 축서사 석조 비로자나불 좌상처럼 계단식 주름의 통견 대의로 표현된 암각 불상이다. 통일신라, 높이 400센티미터, 경상북도 경주군 양북면 소재(위).

불상의 뒷면 등 부분에 조상 명문이 양각되어 있는데 그 내용을 요약하면 "향도(香徒) 조직에서 조성한 불상으로 경문왕 5년(865) 1월에 신라 철원군 도피안사에서 거사(居士) 1,500명이 결연하여 불상을 조성하였다"고 한다. 조상 명문에 보이는 것처럼 이 불상은 지방 민중으로 구성된 대규모 향도 조직에서 조성한 것으로 지방 기층민에 널리 퍼져 있던 불교 신앙의 일면을 보여 준다.

불상은 얼굴이 갸름하고 눈은 수평으로 새겨져 있으며 콧등이 편평하다. 신체는 활력이 부족하고 입체감도 적으며 신라 중대의 불상에 비해 전체적으로 섬약한 느낌이다.

통견식으로 표현된 대의(大衣 : 법회 때나 마을, 왕궁에 들어갈 때 입는 가사)의 편평하고 규칙적인 평행 계단식 옷주름은 이 불상의 가장 큰 특징이라고 할 수 있다. 이러한 주름은 봉화 축서사 석조 비로자나불 좌상과 월성 골굴암 마애불에서도 보이는 옷주름 표현 기법으로 9세기의 조각뿐만 아니라 고려시대 조각에서도 자주 보인다.

은적사 철조 비로자나불 좌상

전남 해남군 마산면 장촌리의 은적사는 해남을 뒤쪽으로 에워싼 금강산 중턱에 자리하고 있다.

해남은 서쪽과 남쪽이 모두 바다여서 예로부터 포(浦)와 진(津)이 많았다. 그래서 장보고가 청해진을 설치한 이래로 해상 무역의 요충지가 되었으며, 후삼국시대에도 군사적으로나 대외 교류의 측면에서 매우 중요한 지역이었다.

『신증동국여지승람』에 금강산에 옛 성(城)이 있다고 기록되어 있는 것으로 보아 이 지역은 지리적인 특성상 아주 일찍부터 중요한 위치였음을 알 수 있다.

금강산은 『화엄경』 「주처품」에 나오는 '바다 가운데에 떠 있다는 산'으로, 강원도의 금강산도 바다와 연해 있고 해남의 금강산 역시 산에 오르면 시야가 바다로 탁 트여 금강산이라는 이름에 걸맞는 주변 환경을 가지고 있다. 더욱이 이 은적사의 철불 좌상은 『화엄경』의 주존불인 비로자나불의 지권인을 하고 있어 금강산이라는 산 이름과 어울린다.

불상의 하체는 파손되었지만 현재 남아 있는 머리와 상체의 상태는 양호하다. 전체를 파악하기는 어려운 상태이지만 현재 크기가 약 106센티미터쯤 되는 것으로 보아 전체 크기는 130 내지 135센티미터 정도였을 것으로 보인다.

얼굴의 조각 기법이 뛰어나 동그란 얼굴에 이목구비가 뚜렷하고 단아한 사실적 상호(相好)를 하고 있다. 어깨는 둥글고 법의는 통견식이며, 가슴 중앙에는 내의〔僧祇支 : 상체에 입는 속옷. 왼쪽 어깨에서 오른쪽 겨드랑이로 걸쳐 입는다.〕가 수평선으로, 대의 주름은 촘촘한 평행 주름으로 조각되었다. 옷을 입은 형식이나 옷주름은 766년에 조성된 산청 석남사(石南寺) 석조 비로자나불 좌상과 유사하다.

은적사 철조 비로자나불 좌상에서 흥미있는 점은 지권인을 결한 양손의 위치가 뒤바뀐 것이다. 불국사 금동 비로자나불 좌상이나 광주 증심사 철조 비로자나불 좌상, 구례 대전리 석조 비로자나불 입상 등에서도 양손이 바뀌게 표현되어 있는 것으로 보아 나말 여초 시기의 한동안은 이와 같은 비로자나불의 도상이 범본(範本)으로써 이 일대에 유포됐던 것으로 보인다.

은적사 철불에서 보이는 조각적 우수성은 해상 무역과 군사 및 대외 교류의 전략적 요충지였던 이 지역의 지리적 특성과 연관지어 주목되어야 할 것이다.

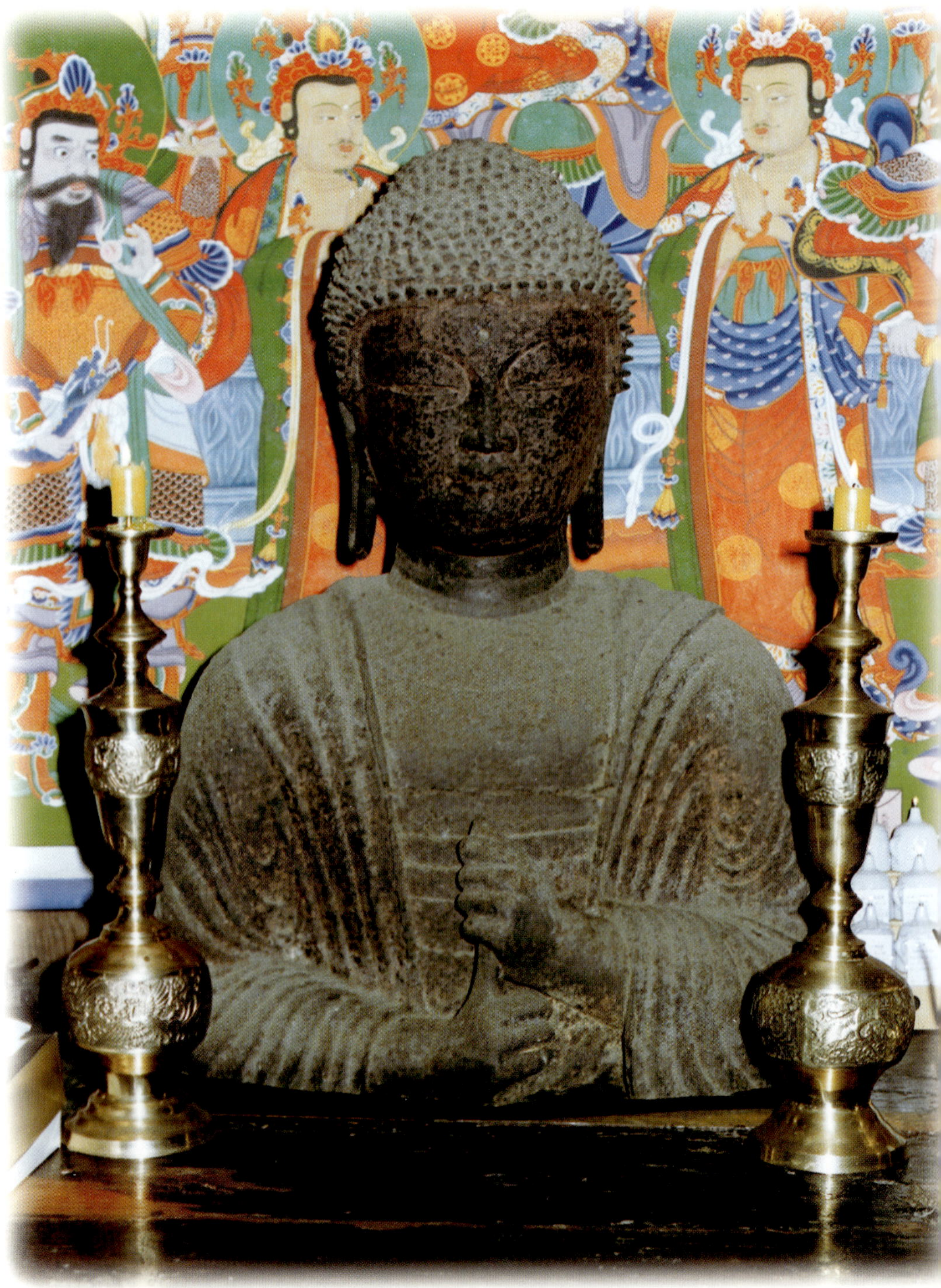

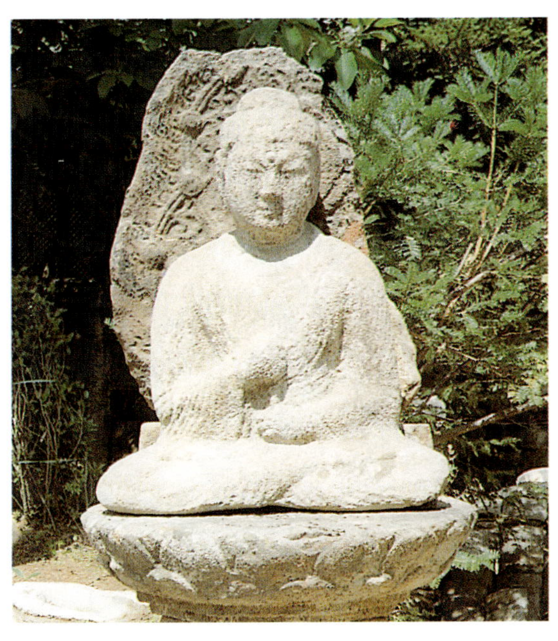

은적사 철조 비로자나불 좌상 조각 기법이 뛰어난 사실적 상호에 통견식 법의를 하고 있는데 지권인을 한 양손의 위치가 일반적으로 볼 수 있는 것과 바뀌어 있다. 이러한 양손이 바뀐 도상이 나말 여초의 한동안 범본으로 이 일대에 유통되었던 것으로 보인다. 현재 크기 106센티미터, 전남 해남군 마산면 장촌리(옆면).

산청 석남사 석조 비로자나불 좌상 은적사 철불 좌상과 착의 형식이나 옷주름 표현이 비슷하다. 상 크기 103.5센티미터, 경상남도 산청군 삼장면 대포리 내원사(위).

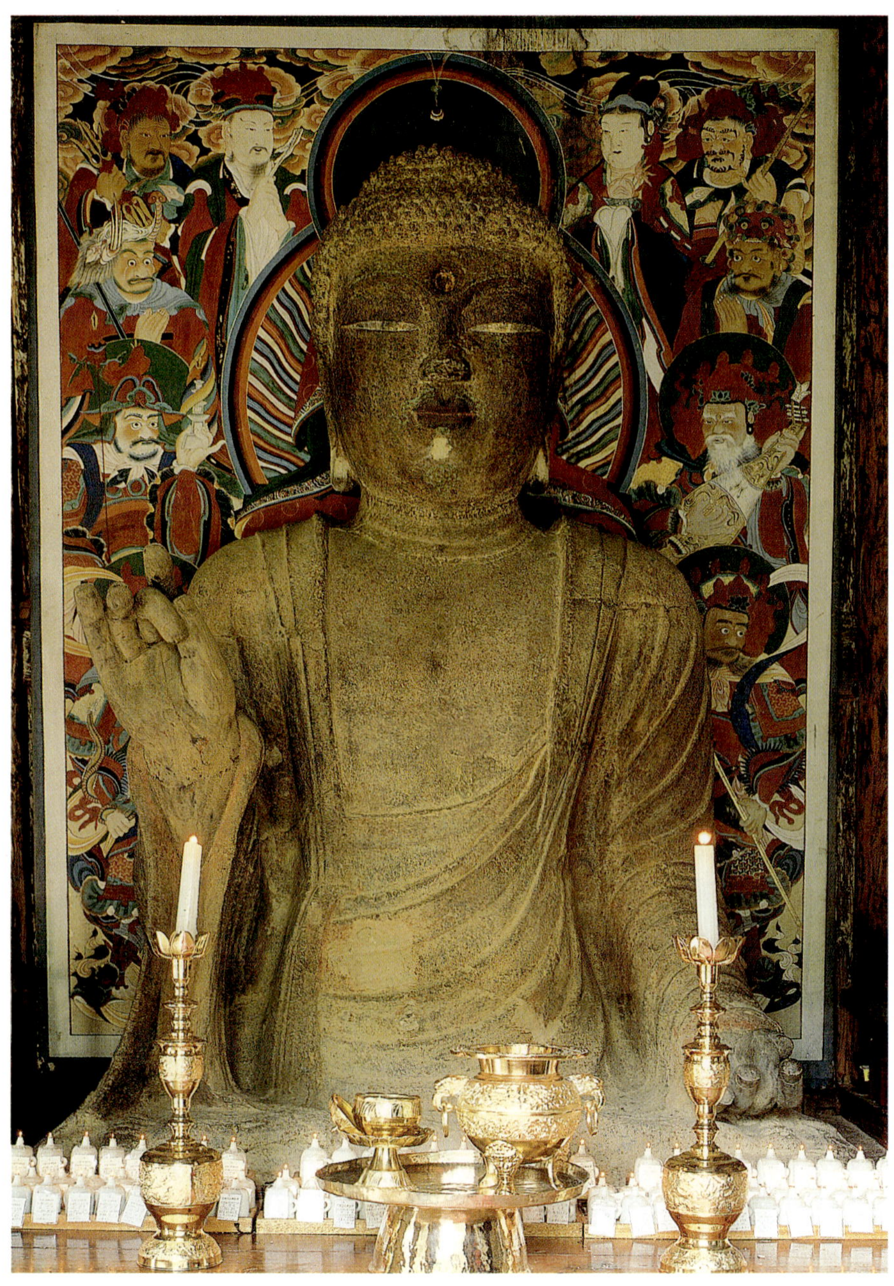

실상사 철불 좌상

전북 남원군 산내면 입석리의 지리산 실상사 약사전에 모셔진 철불 좌상이다.

지리산 실상사는 선종 구산파 가운데 가장 먼저 개창된 실상산파의 본거지이다. 실상산파는 홍척(洪陟)에 의해 홍덕왕 3년(828)에 개창되었는데 그 문하에는 수철(秀澈, 817~893년), 편운(片雲) 등 수백 명의 수행자가 있었다고 한다.

이 철불 좌상은 크기가 266센티미터에 달하는 거상으로 여기저기 산화되고 손상을 입은 상태이다. 이는 실상사가 세조 때 폐사된 뒤 절터만 남아 있다가 1690년에 중창되기까지 오랜 기간 노천에 방치되었기 때문인 것 같다.[17]

머리는 보통의 불상보다 크고 얼굴은 둥글며 두 눈은 수평으로 길게 새겨지고 얼굴 길이에 비해 코가 짧다. 인중은 돌출하였고 작은 입에 도톰한 입술을 지녔다. 몸체는 얼굴에 비해 양감이 떨어지는데 법의는 통견의 대의를 걸치고 있으며 주름은 신라 하대에 유행하던 층단을 이루는 띠주름으로 표현되어 있다.

양손은 나무로 만들어 끼워 놓았는데, 오른손은 가슴 높이까지 들어 엄지와 중지를 맞대고 왼손은 무릎에다 손바닥을 위로 향하게 올려놓고 엄지와 중지를 맞대고 있으며 약합(藥盒)은 없다.

후대에 쓰여진 사적기에 이 철불이 약사불로 기록되었기 때문인지 현재 약사전에 모셔져 있지만 1986년 불상을 해체 수리할 때 복장(腹藏 : 불상의 내부 공간에 장엄하기 위해 경전이나 조상 발원문,

실상사 철불 좌상 높이가 266센티미터 되는 거상으로 여러 군데가 손상되었다. 신라 하대에 유행하던 층단 띠주름으로 표현된 대의를 하고 있는데 사적기의 착오에서인지 아미타불이면서 현재까지 약사전에 봉안되어 있다. 상 크기 266센티미터, 전북 남원군 산내면 입석면(옆면).

개금할 때 필요한 금붙이 등의 물건을 넣는 것)에서 아미타 구품인 (阿彌陀九品印 : 아미타불의 수인. 아미타불의 극락정토에 왕생하는 중생들을 근기에 따라 상·중·하 삼품으로 나누고 각 품을 상·중·하 삼생으로 나누어 모두 9단계에 맞는 정토가 있고 이 9품에 따라 아미타불의 수인도 각기 다르다.)을 한 원래의 철제 양손이 나옴으로써 아미타불로 밝혀지게 되었다.[18]

철불의 조성 시기는 양식적인 측면에서 860년 전후로 보는 견해가 유력하며, 실상산파의 제2조였던 수철 화상 때에 조성되었을 가능성이 제기되고 있다.

철제 불두 1

이 철제 불두는 1970년 국립중앙박물관에서 구입한 것으로 출토지는 밝혀지지 않고 있다. 그런데 현재 전하는 통일신라시대 철불 가운데 가장 부드럽고 아름다운 조형미를 보여 주는 상이다.

머리의 크기는 43.3센티미터이다. 보림사 철불의 경우 전신 높이 대 머리 높이가 1 : 0.354이고, 동화사 석조 비로자나불 좌상이 1 : 0.351임에 비추어 볼 때 철불의 전체 크기는 123.7센티미터 정도일 것으로 추정할 수 있다.

육계는 낮은 편이고 나발이 발달했으며, 원만한 상호를 하고 있다. 눈썹의 곡선은 자연스럽고 턱이 둥글며 지그시 눈을 감고 부드럽고 온화한 미소를 띤 입매를 통해 자비로운 여래의 모습이 잘 표현되고 있다.

일설에는 이 불두가 충남 보령의 성주사지(聖住寺址)에서 반출된 것이라고 한다. 광복 직후까지 성주사에서 10리쯤 떨어진 암자에 있었는데 그 뒤 부여 쪽으로 이송됐다는 것이다.[19]

성주사는 구산 선문의 하나로 847년 낭혜 선사(朗慧禪師)에 의해

중창되어 성주산파의 본사(本寺)가 된 절이다. 「숭엄산성주사사적
(崇嚴山聖住寺事蹟)」에 의하면 당시 성주사 삼천불전에 비로자나불
과 삼천불을 모셨는데 모두 문성대왕(文聖大王, 839~857년)의 원불
(願佛)이었다고 한다.

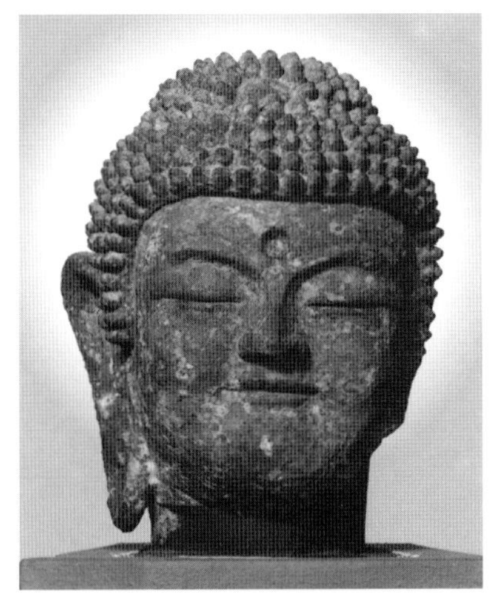

철제 불두 1 통일신라시대 철불 가운
데 가장 부드럽고 아름다운 조형미를
보여 주는 상이다. 크기 43.3센티미터,
국립중앙박물관 소장.

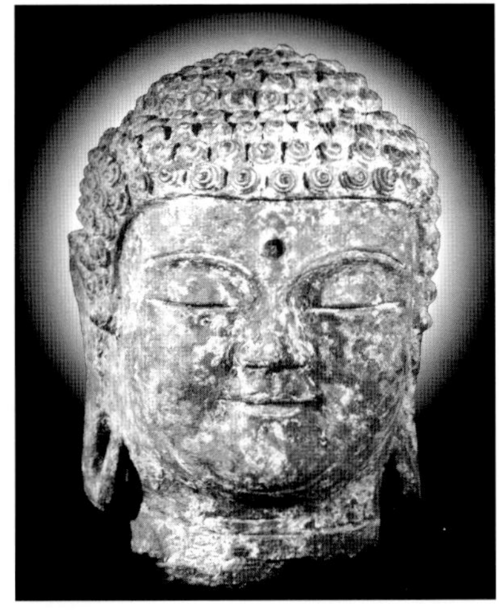

철제 불두 2 나발과 둥근 얼굴, 선정
(禪定)에 들어 반쯤 뜬 두 눈과 미소
를 머금은 입술이 위의 철제 불두와
흡사하다. 크기 43.3센티미터, 국립중앙
박물관 소장.

근래 발굴 조사에서 출토된 소조 불상들은 당시에 제작된 삼천불의 일부라고 생각된다. 만일 국립중앙박물관 철제 불두가 성주사 삼천불전에 모셔졌던 비로자나 불상의 머리라면 제작 시기는 9세기 중엽이 될 것이며 성주사 중창과 관련하여 중요한 정보를 얻을 수 있다.

낭혜 선사에 의한 대대적인 성주사 중창은 왕자 김흔(金欣)의 후원을 기반으로 이루어졌다. 김흔은 민애왕을 지지하던 왕자였는데 민애왕이 살해된 뒤 정치 일선에서 은퇴한 상태였다. 그런데 이 불사(佛事)에는 김흔 외에도 문성왕과 그를 지지하여 즉위시킨 김흔의 사촌 김양(金陽) 등이 관계하고 있었다.[20]

대대적인 성주사 불사의 배후에 이처럼 왕실 귀족 세력의 후원이 있었다면 이 일에 동원된 장인들은 당시 중앙에서 이름을 날리던 최고 수준의 조각가들이었을 것이다.

따라서 국립중앙박물관 소장의 철제 불두에 표현된 뛰어난 조형감은 이 불두와 성주사와의 관련 여부를 설득력 있게 제시하는 근거가 된다.

철제 불두 2

부드럽고 온화한 자비의 상호를 보여 주는 또 다른 철제 불두가 국립중앙박물관에 소장되어 있다.

이 철제 불두는 1969년 박물관에 소장된 것으로 현재 남아 있는 두부의 크기는 43.3센티미터이며 전면이 부식되어 두껍게 녹이 슬어 있다.

나선형으로 말린 나발이며, 전체적으로 둥근 얼굴에다 선정(禪定)에 들어 반쯤 뜬 두 눈과 미소를 머금은 입술이 앞의 철제 불두와 흡사하여 같은 유형으로 분류할 수 있겠다.

한천사 철불 좌상

9세기 말 신라 지역에서의 불상 조성은 어떠하였는지 자못 궁금하다. 이 시기에 제작되었다고 생각되는 철불로는 한천사(寒天寺) 철불 좌상을 꼽을 수 있다.

한천사는 경북 예천군 감천면 증거리에 있는 오래된 사찰인데 3층석탑과 철불이 전하고 있다.

불상은 어깨가 벌어지고 허리가 길며 좌폭이 넓어 장대한 체구임에 비해 머리 부분은 작은 편이다. 원래 전신은 백포(白布)로 도장(塗裝)되어 있었는데 훼손된 채로 전하다가 1979년에 원형대로 복원되었다.

현재 육계와 나발 부분은 손상된 상태로 남아 있는데, 나발은 흙으로 따로 덧붙였다가 세월이 흐르면서 파손된 것으로 보인다. 두 눈은 위로 길게 휘어진 듯 올라갔으며, 코와 입은 작다.

법의는 우견편단식(右肩偏袒式)으로 어깨와 팔 위에 새겨진 옷주름이 유려하다. 가슴의 일부는 손상되었으며 두 손은 조성 후에 보수한 것이다. 오른손은 들어서 손바닥을 밖으로 하여 엄지와 중지를 맞댄 수인이고 왼손은 가슴께에 올려져 약합을 든 약사여래로 표현되어 있다.

이와 유사한 약사불의 인계(印契)는 고려 후기의 불상에 가끔씩 나타난다. 1346년경에 조성된 청양 장곡사(長谷寺) 하대웅전의 금동 약사불 좌상에 표현된 인계가 그러한데 다른 점이 있다면 장곡사 약사불은 약합을 든 왼손의 높이가 한천사 철불처럼 높지 않고 오른손도 가슴쪽으로 가까이 붙어 있다는 것이다. 한천사 철불은 가슴에 붙어 있는 왼팔이 위쪽을 향해 올라가 있고 가슴 부분이 손상된 것으로 미루어 지권인을 한 비로자나불일 가능성이 큰데 나중에 보수하면서 약사불로 잘못 표현된 듯하다.

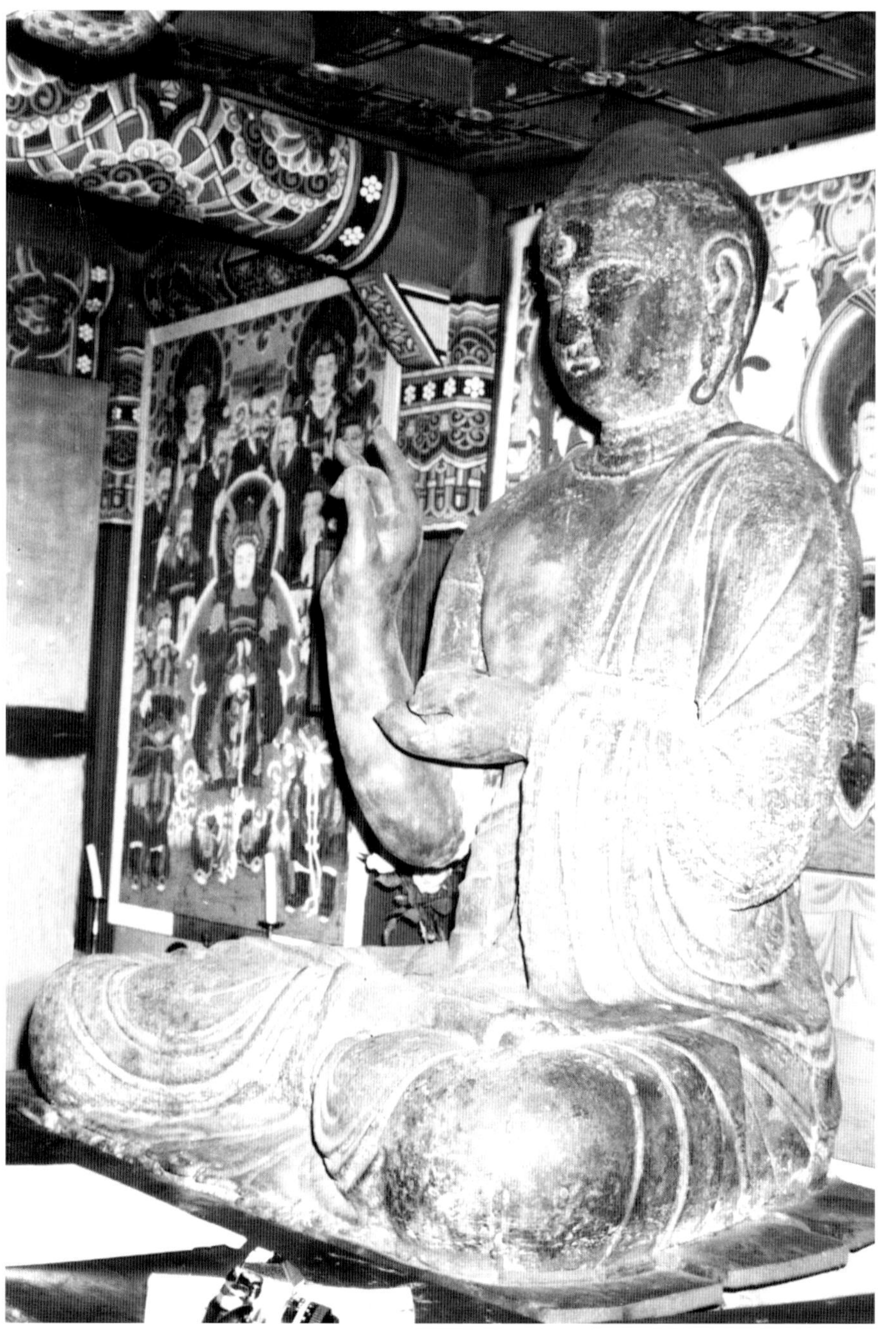

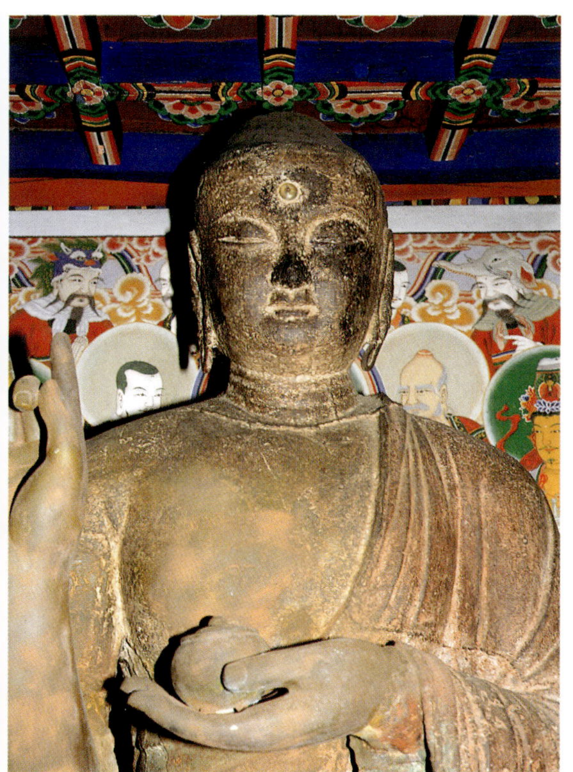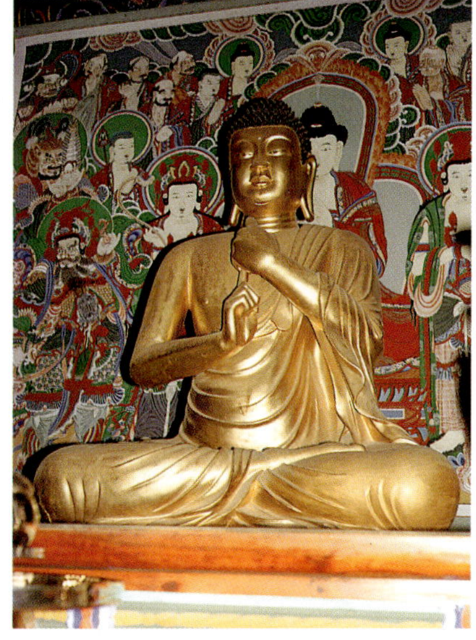

한천사 철불 좌상 한천사 철불은 이전의 불상들보다 체구가 장대하고 길며 머리 부분이 몸체에 비해 작아지는, 9세기에 제작된 불상들의 양식상의 특징을 전형적으로 보여 주고 있다. 상 크기 153센티미터, 경북 예천군 감천면 증거리(옆면, 위 왼쪽).

불국사 금동 비로자나불 좌상 당시 경주에서 유행하던 체구가 장대하고 허리가 긴 신체 비례를 보이고 있다. 한천사 철불 좌상도 이같은 신체 비례를 갖고 있다. 상 크기 177센티미터, 경북 경주시(위 오른쪽).

한천사 철불 좌상의 양식적인 특징으로 얼굴의 이목구비가 작고 여성적이라는 점을 들 수 있다. 또 불신의 크기에 비해 얼굴은 작은 반면에 체구가 장대하고 허리가 길다. 9세기의 기년명 불상들은 시대가 내려올수록 머리의 크기가 작아지는 경향을 보이긴 했지만 한천사 불상에서는 그 정도가 심하다.[21]

한천사 철불의 양식을 이해하기 위해서는 불국사의 금동 아미타불과 비로자나불을 살펴볼 필요가 있다. 이들 역시 장대한 체구, 긴 허리, 머리 부분이 몸체에 비해 작은 신체 비례를 보여 주고 있다.

인중은 사다리꼴로 돌출하였고 콧등은 편평하며 옷주름은 긴장감이 결여되어 느슨하게 늘어진 모습이다. 머리와 몸체의 비례, 허리가 길게 조각된 점에서 한천사 불상은 불국사 금동상들을 따르고 있지만 이목구비가 작고 얼굴이 갸름한, 독특한 존안의 표현으로 본다면 광주 하사창리 철불 좌상에 더 가깝다.

『불국사고금역대기(佛國寺古今歷代記)』에 수록된 최치원 선(選) 조상 찬문에 의하면 이 불국사 금동 불상들은 헌강왕(875~885년)의 명복을 빌기 위해, 그의 후비(后妃)였다가 출가한 수원(秀圓) 비구니의 발원으로 진성여왕 원년(887)에 조성되고, 이 해에 불국사가 중창되었다고 한다. 886년과 887년 사이에 불국사에서는 왕실 귀족들을 중심으로 화엄 결사(華嚴結社)가 이루어졌고, 이 불상들은 이와 같은 분위기에서 조성되었을 가능성이 크다.[22]

그렇다면 불국사 금동 불상들은 당시 경주에서 가장 유행하던 불상 양식에 의거하여 주조되었을 것이다. 또 당시에 제작되는 모든 불상들의 본보기로 신라 불교 조각계의 주목을 받아 경주 지역은 물론 지방에도 영향을 미쳤을 것이다. 따라서 한천사 철불은 887년 이후부터 신라가 고려에 항복하는 936년 이전으로 편년될 수 있고, 후삼국시대 신라 지역 불상의 한 예로 보아도 좋을 듯하다.

후삼국과 고려 초의 철불

9세기 말 통일신라의 영토는 백제와 고구려의 부흥을 꿈꾸며 신라에 대항하는 견훤의 후백제와 궁예의 후고구려(태봉)에 의해 분열되었다.

견훤은 892년 무진주를 점령하고 후백제를 세운 뒤 900년에는 완주에 도읍을 정하고 국가 체제를 정비하였다. 궁예는 901년 후고구려를 건국한 뒤 철원으로 도읍을 정하고 국호를 마진으로 고쳤다가 다시 태봉으로 바꾸었다.

태봉의 궁예가 918년 축출되고 왕건(王建)이 왕으로 추대되면서 국호를 고려로 바꾸고 수도를 송악으로 옮겼다. 936년 고려에 의해 통일이 될 때까지 삼국으로 분열되어 있던 약 45년 동안에도 후삼국 군주들은 불교 신앙에 대한 열정으로 절을 짓고 불상을 조성하는 불사를 계속했던 것으로 짐작된다.

알려진 것처럼 궁예는 불교에 심취하였고 자신의 입장을 합리화하기 위해 스스로를 미륵불, 두 아들을 각각 청광(靑光)보살과 신광(神光)보살로 부르게 했다.

한편 견훤의 후백제 영토 안에는 미륵사·금산사·화엄사 등 삼국시대부터 융성했던 대찰과 선종 구산파 가운데 실상산·동리산·가지산파 등 삼대 문파가 있었다. 해인사의 관혜(觀惠)를 따르는 승려들이 견훤을 지지했던 점이나 훗날 견훤이 아들들에 의해 금산사에 유폐되었던 점으로 미루어 후백제 왕실과 사찰의 관계를 짐작해 볼 수 있다.

고려 태조 왕건은 수도를 철원에서 송악(개경)으로 천도한 919년부터 법왕사, 왕륜사를 비롯한 10찰을 창건하고 그 밖에도 많은 사찰을 중수하였다. 936년 통일을 완수한 왕건은 후백제와의 마지막

격전지였던 충남 연산(連山)에 개태사를 창건하고 직접 창건 발원문을 짓는 열의를 보일 정도로 불교에 대한 관심이 컸다. 따라서 중앙 왕실과 막강한 세력을 가진 호족들의 지원으로 사찰의 창건과 이에 따른 탑상(塔像)의 조성도 활발하게 이루어졌다.

이 시기에는 수도 송악을 중심으로 경기도 일대의 불상 수요가 증대됨에 따라 신라와 후백제의 중심지에서 활동하던 조각가들이 경기도 지역으로 대거 유입되었을 것이다. 송악은 고려 문화의 중심 지역으로 부상하여 다양한 배경을 가진 조각가들의 새로운 활동 무대가 되었으며, 새로 문을 연 사찰에 봉안하기 위해 많은 철불들이 주조된 것도 이 시기였다.

10세기 초의 이같은 철불 조성 붐은 적어도 1세기 동안은 계속되었다. 그러나 철불의 제작 공정이 어려워 아주 큰 상이 아닐 경우에는 구태여 철불로 만들기보다 제작 공정이 편하고 고급스러운 금동불을 제작했을 것이다. 따라서 시간이 흐를수록 철불 제작은 점차 드물어지게 되었다고 볼 수 있다.

철불에 관한 비문이나 문헌을 보면, 『고려사』에는 태조 11년(928) 원주 산간사(山澗寺)의 철불이 땀을 흘렸다는 기록이 있으며,[23] 919년 광자 대사 윤다(允多)가 중창한 동리산 선문의 본산 태안사(泰安寺)에는 철조 약사불이 모셔져 있었다고 한다.[24] 그리고 재료를 철이라고 명기하지는 않았으나 949년에 고려 광종이 즉위하자 그의 천수를 위해 장륙상을 조성한 보원사 승려 탄문(坦文, 900~975년)의 비문에는 "장륙 금상을 주성(鑄成)하였다"는 기록이 있다. 이때 만든 불상이 오늘날 국립중앙박물관에 소장되어 있는 보원사지 출토 철불상으로 추정되고 있다.

이 밖에 이규보가 쓴 『왕륜사장륙금상영험수습기』를 보면 919년에 창건된 왕륜사 비로자나 삼존상의 본존은 장륙 금상이었다. 988

년에서 997년까지 무려 10년에 걸쳐 제작되었으며, 좌우 협시보살은 소조였다.

이 장륙 금상은 철불에 금을 입힌 상이었을 가능성이 많다. 그것은 이 불상을 조성하는 데 오랜 시간이 걸렸다는 점에서 공정이 비교적 까다로운 분할 주조법으로 철불이 제작되었을 가능성을 시사하고 있기 때문이다. 또한 이 상을 봉안한 뒤 가슴에 틈이 생겨 보수를 했는데 손상된 틈에 거울(鏡)을 끼우니 감쪽같이 메워졌다는 기록으로 보아 분할 주조로 제작된 조각 하나가 떨어져 나간 것으로 짐작된다. 또 당시는 아직 철불의 전통이 면면히 이어져 오던 10세기 말이었으므로 금을 입혀 금상이라고 부르던 보원사 철불과 같이 철상이었을 것으로 생각된다.

확실하게 철불임을 알 수 있는 예로 남원 만복사(萬福寺) 철불상에 대한 기록을 들 수 있다. 『세종실록』「지리지」에 "만복사에는 동쪽에 5층전이 있고 서쪽에 2층전이 있다. 전각 안에 철불이 있는데 길이가 35척, 무게가 1만3천 근이며, 그 전각의 제도가 이상하다. 어느 시대에 창건한 것인지는 모른다"는 기록이 있는 것으로 보아 이 철불이 조선시대가 아닌 고려시대에 제작된 것임을 짐작할 수 있다. 그리고 『신증동국여지승람』에는 평안북도 창성의 연평산(延坪山)에 철조 미륵상이 있다고 전하고, 정시한(丁時翰)의 『산중일기』에도 신흥사(神興寺)의 철불에 대한 언급이 있어 조성 시기는 알 수 없으나 많은 철불이 전해 오고 있었음을 알 수 있다.

증심사 철조 비로자나불 좌상

광주광역시 동구 운림동 증심사(證心寺)의 철조 비로자나불 좌상은 1934년 전남 광산군 서방면 동계리 지산동 절터에서 옮겨 왔다고도 하고, 전남 도청 뒤편에 있던 대황사지(大皇寺址)에 있던 불

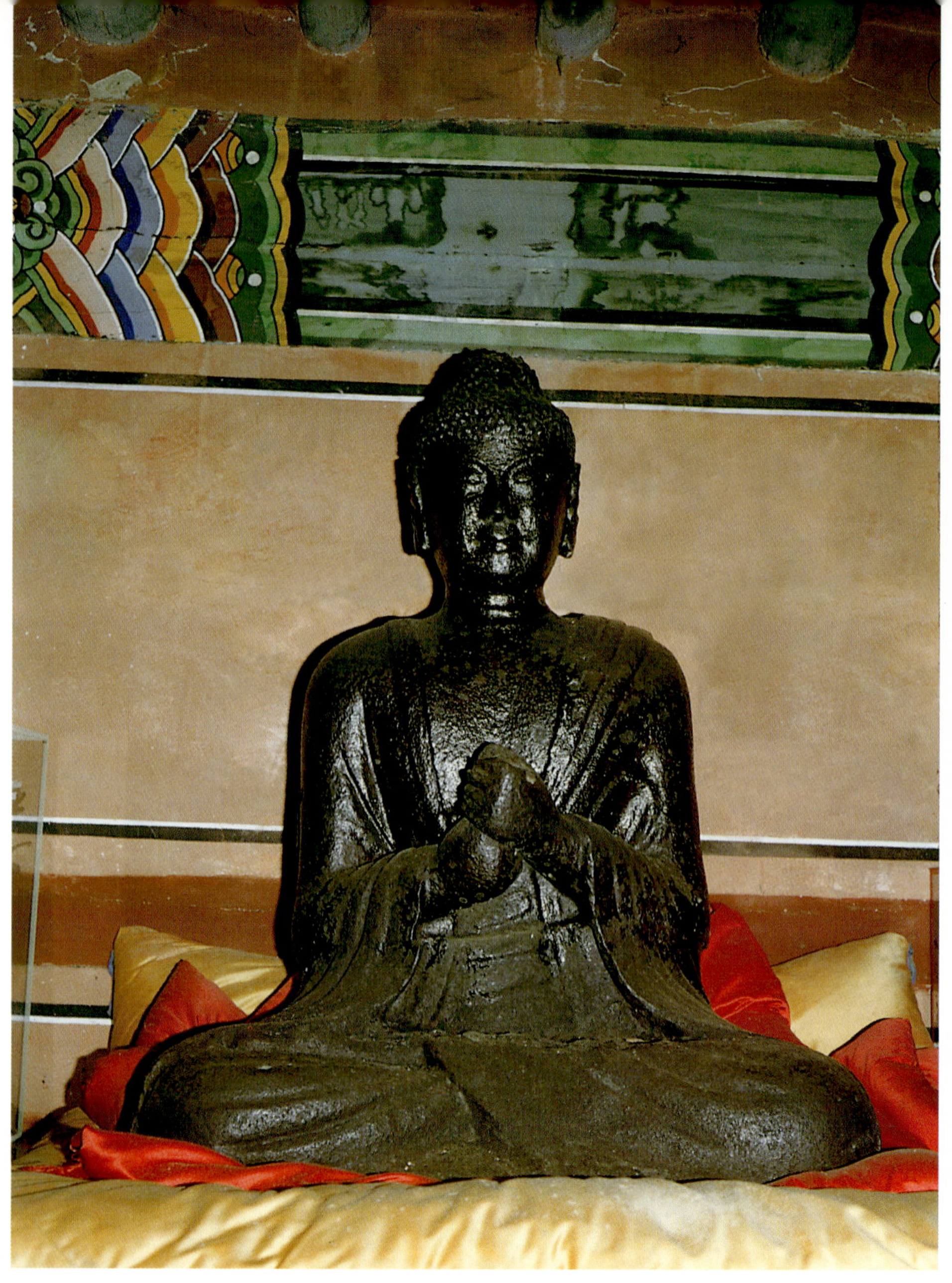

증심사 철조 비로자나불 좌상 사실적인 이목구비에 머리와 몸체가 조화를 이루고 있다. 왼손이 위로 올라간 지권인을 하고 있지만 불국사의 상보다 양감이 줄고 대의 주름이 두꺼워진 점 등은 후백제 지역이었던 이곳의 조각이 지닌 독특한 성격의 일면을 드러내는 것이다. 상 크기 90센티미터, 광주시 동구 운림동.

상이라고도 하는데 후자일 가능성이 높다.

광배와 대좌는 없어졌지만 머리와 몸체의 비례가 좋은 편이고, 두껍게 덧칠이 입혀진 작은 얼굴에 이목구비가 사실적으로 조각되었다. 각이 진 어깨 위에는 통견식으로 가사를 걸쳤는데 평행의 넓은 띠주름이 어깨와 소매 위에 나란히 새겨져 있고, 다리 위로는 두꺼운 띠주름이 홈이 파인 듯 새겨져 있다.

이 상은 90센티미터 정도로 규모는 크지 않지만 얼굴 표현에서 보이는 뛰어난 사실성과 작은 머리에 어울리는 알맞게 넓은 어깨, 늘씬한 허리, 넉넉한 무릎 폭 등 균형 잡힌 불신(佛身)의 무리 없는 비례감으로 주목을 받고 있다.

지권인을 한 두 손의 좌우가 바뀐 표현은 불국사 금동 비로자나불 좌상에서도 볼 수 있다. 그러나 증심사 상은 불국사 상보다 양감이 현저히 줄어들고 대의 주름이 두꺼워졌으며, 얼굴의 표현에서 현실적인 분위기가 눈에 띄게 두드러지고 있다. 이 점은 나말 여초기에 후백제의 지배 지역이었던 이곳의 조각이 지닌 신라적이면서도 독특한 성격을 보여 주는 것이라고 하겠다.

장곡사 철조 약사불 좌상

충남 청양군 대치면 장곡리에 자리한 장곡사(長谷寺)에는 상대웅전과 하대웅전이 있는데, 상대웅전에 세 구의 철불이 봉안되어 있다. 이 가운데 조각적으로 가장 우수한 철조 약사불 좌상은 놀라울 만큼 보존 상태가 완전한 석조 대좌 위에 앉아 있다. 왼쪽 무릎 일부가 파손된 채 호분(胡粉)이 발라져 있던 이 불상에 요즘 새로 금을 입혔다.

동그란 얼굴에 이목구비가 뚜렷하고, 단아하며 작고 아담한 불신, 오른쪽 어깨는 드러내고 왼쪽 어깨 위로 걸치는 우견편단식이다.

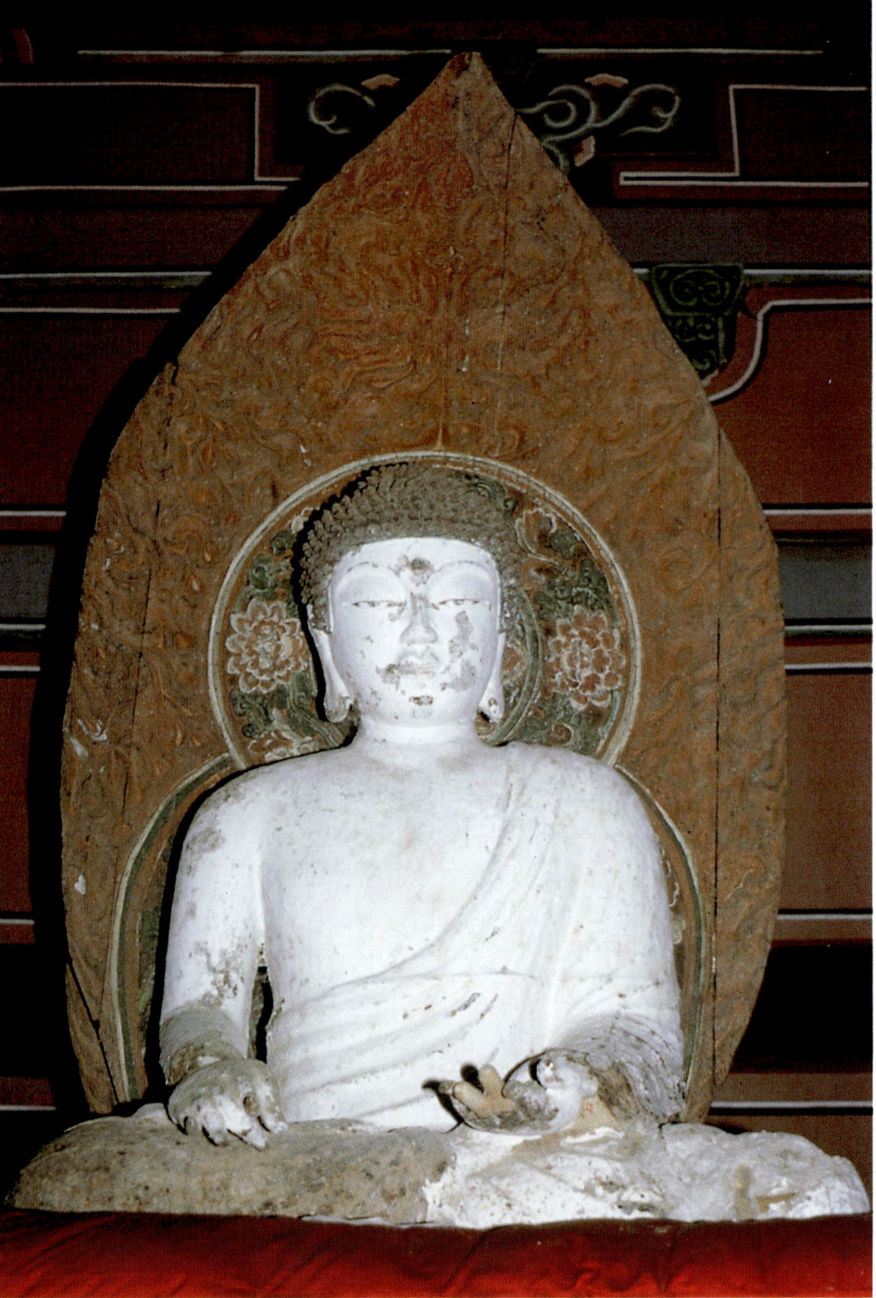

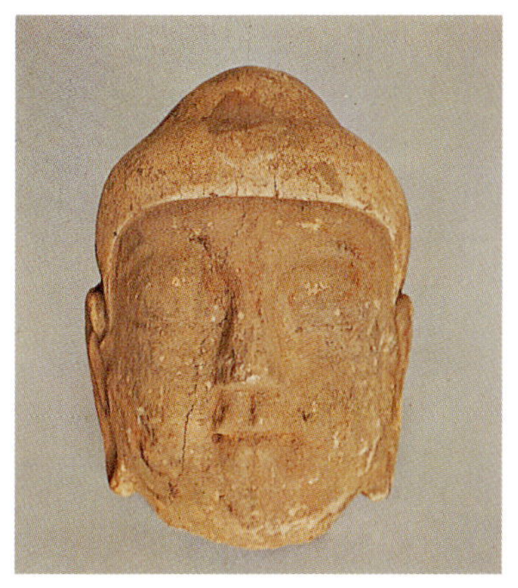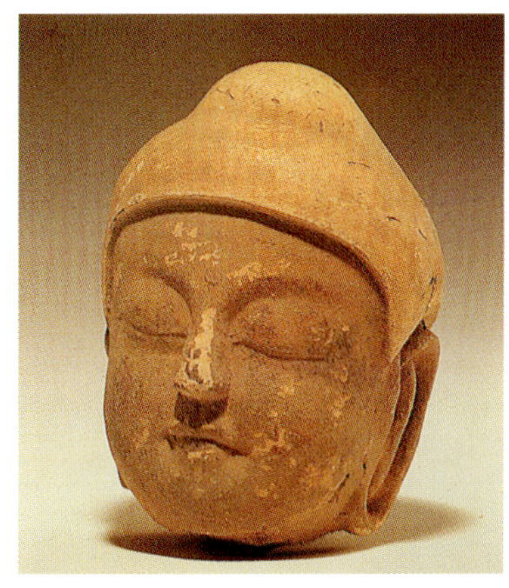

소조 불두 장곡사 약사불의 얼굴 모습과 유사한 것으로 보아 같은 조각가의 작품으로 추정된다. 상 크기 16.7센티미터(왼쪽), 15.4센티미터(오른쪽), 국립부여박물관 소장.

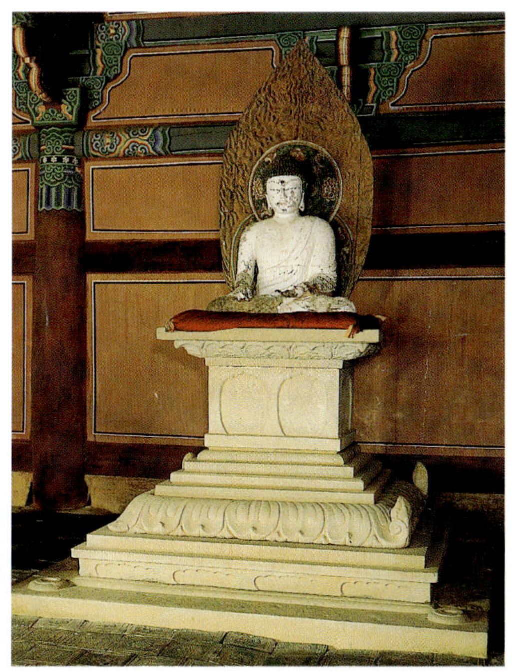

장곡사 철조 약사불 좌상 놀라울 만큼 보존 상태가 완전한 석조 대좌에 모셔진 이 불상은 나말 여초기에 유행하던 도상을 따라 오른쪽 어깨는 드러내고 왼쪽 어깨 위로 걸치는 우견편단식 대의와 군의의 주름이 발 아래 부채꼴로 접히는 양식을 하고 있다. 전체 크기 228센티미터, 상 크기 91센티미터, 충남 청양군 대치면 장곡리(옆면, 왼쪽).

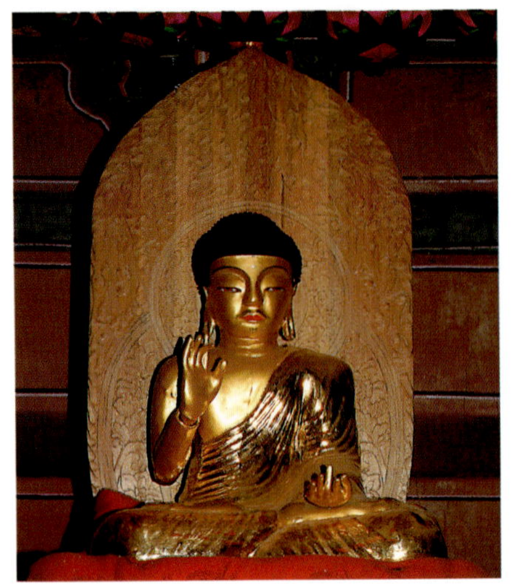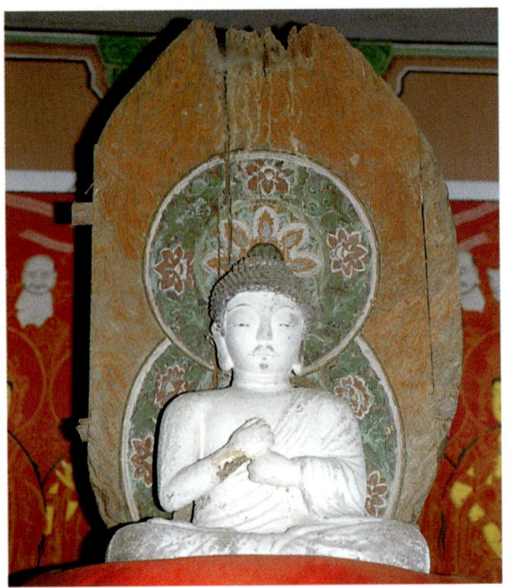

장곡사 철조 아미타불 좌상(왼쪽)·**철조 비로자나불 좌상**(오른쪽) 신체 비례나 세부 표현에서 장곡사 약사불 좌상을 모델로 제작된 것으로 보이나 전체적인 조형성에는 미치지 못한다.

입은 대의와 군의(裙衣)의 주름이 발 아래에 동그랗게 부채꼴로 접히는 형식은 나말 여초기에 유행하던 도상을 따르고 있다. 상 뒤에 세워져 있는 목조 주형 광배는 후대에 보수된 것이다.

이 철불과 함께 모셔져 있는 철조 비로자나불과 아미타불 좌상은 약사불에 비해 크기가 작고 신체의 비례감이나 세부 표현 기법도 떨어지지만 여러 면에서 약사불 좌상을 모델로 하고 있다. 그러므로 이 세 구의 철불은 같은 범본을 바탕으로 다른 시기 또는 다른 조각가에 의해 제작되었을 가능성이 있다.

지리적으로 청양은 비교적 외진 곳이지만 공주와 서산, 보령 등 세 지방의 중심에 위치하고 있어 공주 서혈사(西穴寺)와 서산 보원사, 보령 성주사와 같은 고찰(古刹) 부근에서 활동하던 조각가들이 철불 주조에 동원되었을 가능성이 있다. 특히 성주사 삼천불전의 소불들을 보수하던 조각가들 가운데 누군가가 장곡사 철불의 원형을 만들었을 수도 있다. 장곡사 약사불의 얼굴 모습과 성주사 소조 불두와의 유사성으로 미루어 그것이 짐작된다.

또한 나말 여초기에 이 일대가 대부분 후백제의 세력권 안에 있었다는 점도 이 지역 사찰의 불교 조각을 논할 때 고려되어야 할 것으로 보인다.

철조 비로자나불 좌상

이 철불은 1910년에 일본인 골동품상을 통해 국립중앙박물관에 옮겨진 것으로 기록되어 있는데 출토지를 알 수 없어 유감이다.

조각 기법은 상당히 뛰어나다. 상의 앞면은 가슴을 경계로 위와 아래의 두 부분으로 나누어 팔과 손이 한 틀로 주조되었고, 상의 표면도 매끈하다.

나발이 발달하였고 눈꼬리가 수평에서 살짝 올라가다가 꺾인 특이한 눈매를 하고 있다. 미소 띤 얼굴에는 인중이 사다리꼴로 돌출하였으며 인간적이면서도 자비로운 부처님의 상호를 잘 표현하고 있다.

둥근 어깨 위에 우견편단으로 걸친 가사의 옷주름은 넓은 띠주름으로 도피안사 철불의 평행 계단식 옷주름과 비슷하다. 특히 왼팔 소매와 배 위의 옷주름 그리고 오른 발목 위에 접힌 옷단 표현이 아주 흡사하다. 양손은 비로자나불의 지권인을 짓고 있고 결가부좌한 다리의 가운데에 옷자락이 부채꼴처럼 모여 있다.

이 철조 비로자나불 좌상은 전체적으로 다소 어깨가 움츠러진 듯한 인상을 주는 점 말고는 대단히 우수한 조각이다. 현재 알려져 있는 철불 가운데 이 상과 양식 면에서 비교될 수 있는 것은 도피

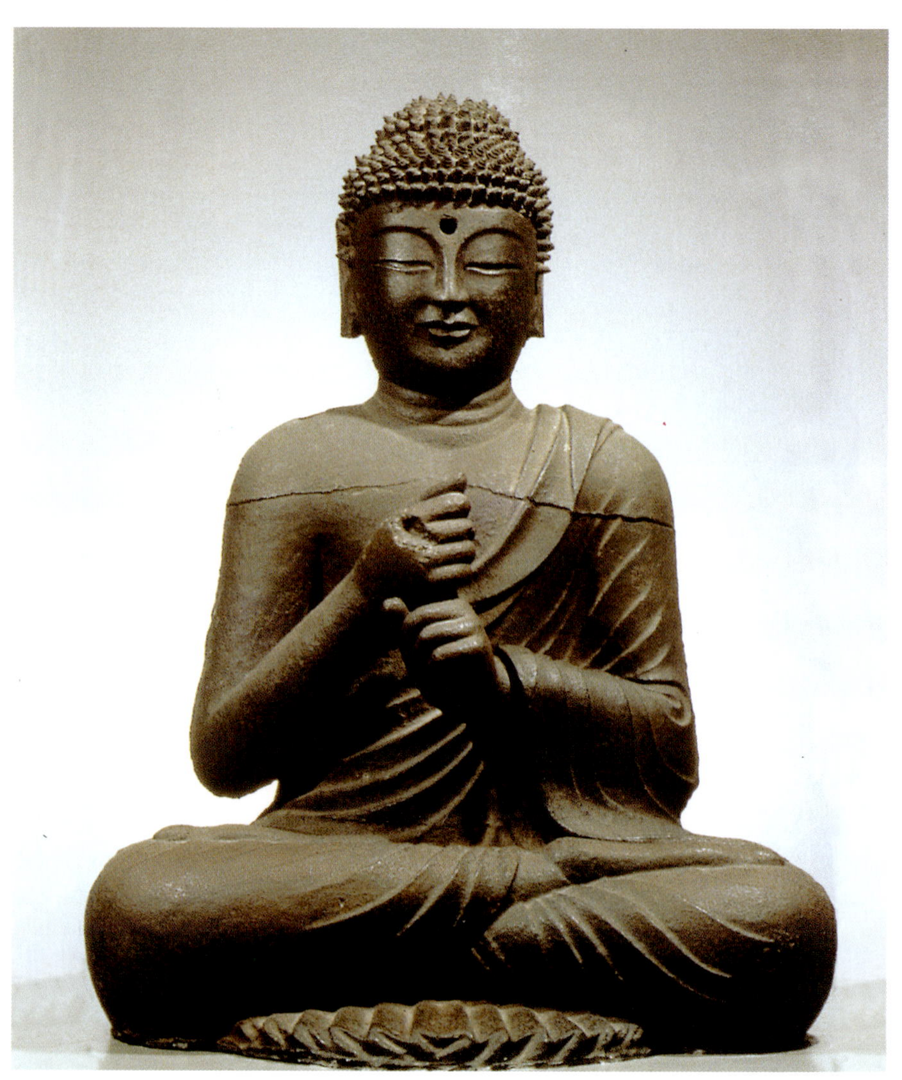

철조 비로자나불 좌상 어깨가 약간 움츠러진 듯한 인상을 주는 점 말고는 대단히 우수한 조각으로 옷주름과 옷단 표현이 도피안사 철불 좌상과 흡사하다. 나발과 인간적이며 자비로운 상호가 특히 잘 표현되어 있다. 상 크기 112센티미터, 국립중앙박물관 소장.

안사 철조 비로자나불 좌상 정도라 하겠다. 하지만 도피안사 상에서 보이는 다소 지방적인 성격이나 서툰 듯한 조각 기법이 이 철불에서는 나타나지 않으며 끝마무리가 깔끔하다.

전 보원사지 철불 좌상

충남 서산군 운산면에서 1918년 조선총독부 청사로 옮겨왔다고 하는 철불이다.

곱슬거리는 나발이 표현되지 않은 민머리(素髮)에 육계는 낮은 편이며 얼굴은 밝게 미소 짓는 원만형(圓滿形)이다. 체구는 장대하여 어깨가 넓고 가슴도 양감이 넘친다. 양손은 훼손돼 없어졌으나 항마촉지인을 결했던 것으로 보이고, 가사는 오른쪽 어깨가 보이는 우견편단식으로 표현되었는데 옷주름이 비교적 자연스럽다. 무릎 폭은 넓은 편이고 다리가 육중하여 비례 면에서 다소 부담스럽게 느껴진다.

이 철불에서 보이는 터질 듯한 팽만감과 무릎의 넓은 폭은 청량사 석불 좌상이나 양산 용화사(龍華寺) 석불 좌상, 광주 약사암 석불 좌상 등과 같은 9세기경에 조성된 것으로 추정되는 통일신라시대 항마촉지인 불상들에서도 발견되는 특징이다.

전 보원사지 철불 좌상은 대체로 석굴암 본존상의 형식을 따르고 있는데 조성 시기에 대해서는 의견의 일치를 보지 못하고 있다. 곧 여태까지는 법인 국사 탄문이 광종의 즉위년인 949년에 조성하여 보원사(普願寺)에 봉안하였던 석가 삼존 금상의 본존으로 생각했으나 근래에는 탄문에 의해 조성된 상은 국립중앙박물관 소장의 또 다른 철불 좌상이라는 견해가 지배적이다.[25]

전(傳) 보원사지 철불 좌상이 서울로 옮겨지기 전인 1916년과 1917년에 조사됐던 운산면 용현리 보원사지의 기록에는 철불이 한

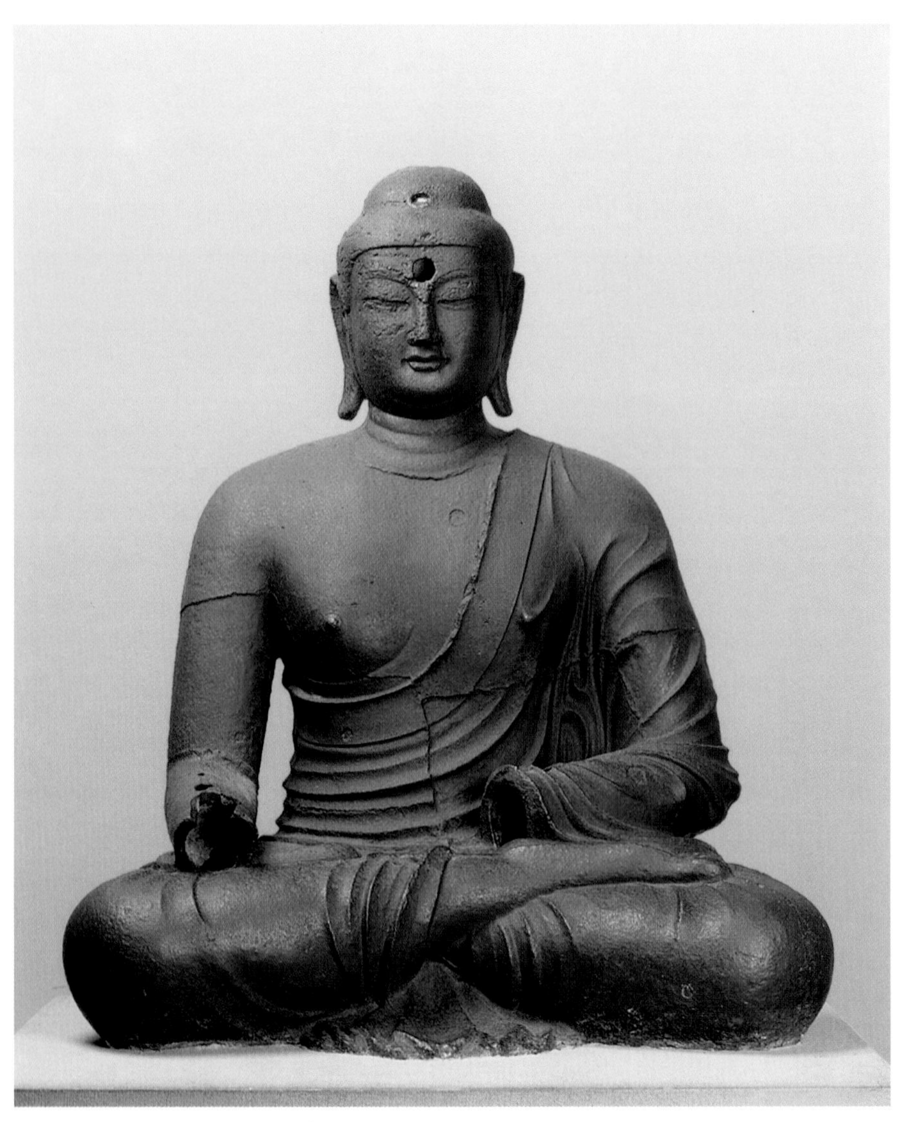

전 보원사지 철불 좌상 장대한 체구에 넓은 어깨, 미소 띤 얼굴, 우견편단식 옷주름 등이 자연스러운 조화를 이루고 있다. 항마촉지인을 결하고 있던 양손은 훼손되었다. 상 크기 150센티미터, 국립중앙박물관 소장.

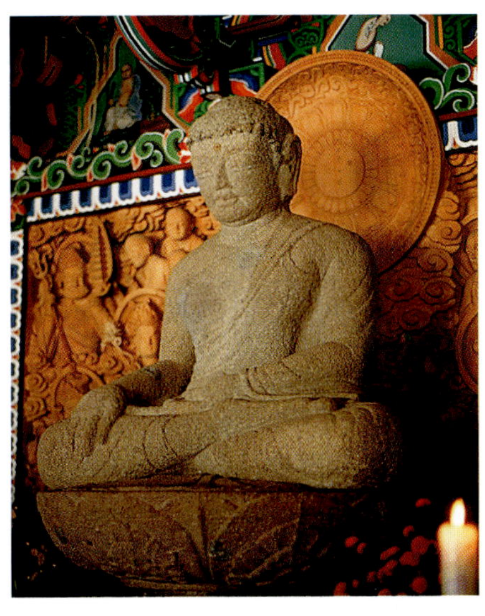

광주 약사암 석불 좌상 터질 듯한 팽만감과 무릎 사이의 넓은 간격이 9세기경 제작된 통일신라시대 항마촉지인 불상의 전형을 보여 주고 있다. 상 크기 124센티미터, 광주 동구 운림동.

구만 기재되어 있어 이 불상의 출처가 의심스럽지만, 조사되기 전에 일단 골동상 등 다른 곳에 옮겨졌다가 서울로 다시 옮겨졌을 가능성을 생각해 볼 수 있다. 실제로 그러한 예가 있는데 원주 출토 철불들의 경우 박물관 유물 카드에는 출토지가 전혀 명기되지 않았다.

조성 시기에 대해서는 통일신라 8세기로 보는 설과 9세기설, 후삼국시대(892~936년)로 보는 의견과 10세기 고려시대로 보는 견해 등이 있어 앞으로 종합적인 고찰과 연구가 요망된다.

지향사 철불 좌상

앞에서 살펴본 전 보원사지 철불이 보여 주는 양감이 뛰어난 조형성에는 못미치지만 유사한 범주로 분류될 수 있는 상으로 지향사(池香寺) 철불을 꼽을 수 있다.

강원도 동해시 이원동에 있는 지향사는 신라 말에 창건된 사찰로

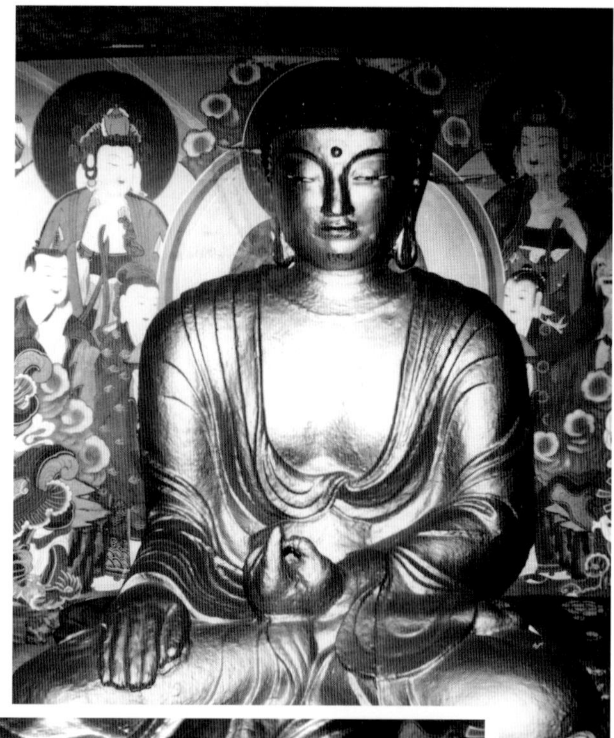

지향사 철불 좌상 가슴 안으로 대의 자락이 들어가는 착의 형식이 특이하고 층단형의 띠주름이 자연스럽게 내려졌다(오른쪽). 발목에 옷자락이 뒤집혀 있고 군의 주름이 부채꼴 모양으로 모이는 표현은 나말 여초기 불상들의 주요 특징이다(아래). 상 크기 110센티미터, 강원도 동해시 이원동.

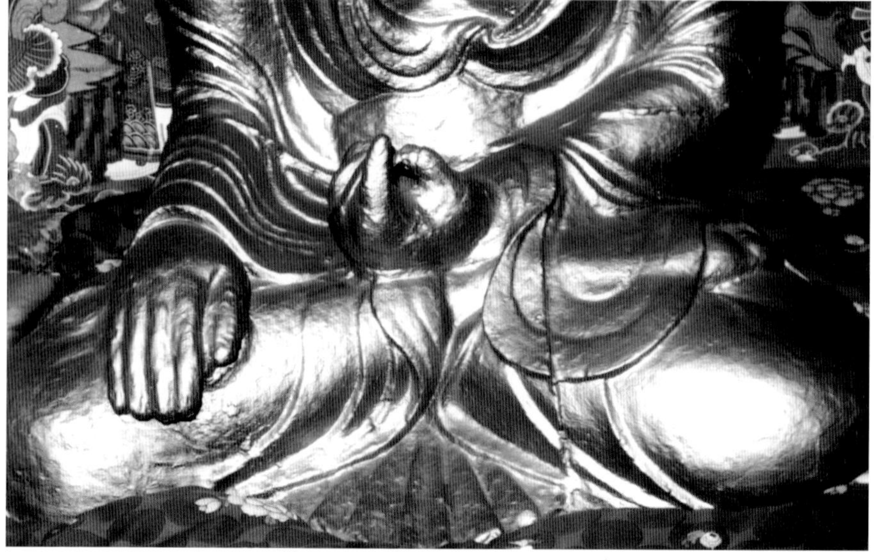

고려시대에 폐사되었다고 전한다. 이 철불은 땅 속에 묻혀 있다가 1908년에 현재의 위치로 옮겨졌다.

불상의 양손은 보수된 것이고 나발과 상호는 상태가 엉성하고 표현 기법이 조잡한데, 철불을 발견하여 봉안할 때 심하게 보수를 했던 것 같다. 그러나 몸체는 장대하여 어깨가 벌어지고 가슴의 근육이 불룩하게 나왔다. 어깨에는 통견식으로 가사를 표현했는데 가슴 안으로 대의 자락이 들어가는 형식이 특이하며 층단형의 띠주름이 자연스럽게 내려오고 있다.

발목에 옷자락이 뒤집혀 있고 군의 주름이 중앙에 부채꼴로 모이게 하는 표현은 나말 여초의 불상에서 흔히 보이는 특징으로, 이 철불의 조성 시기를 암시하고 있다.

삼화사 철불 좌상

신라 말 강릉과 오대산을 중심으로 한 명주(溟州) 지역에서는 중앙 정계의 세력 다툼에서 패하고 이 지방으로 퇴거한 김주원의 후손들이 호족으로 성장하여 대단한 세력을 가지고 있었다. 이들의 후원 아래 구산 선문파의 하나인 사굴산파가 범일 조사에 의해 개창되자 강릉·오대산 일대는 물론 삼척·춘천·양양 등 영동 지역 사찰들은 자연스레 굴산선문의 영향권에 들어가게 되었던 것 같다.

강원도 동해시 삼화동 두타산(頭陀山)에 있는 삼화사도 그 가운데 하나였던 것으로 보인다.

『신증동국여지승람』에 인용된 「석식영암기(釋息影菴記)」에 의하면, 두타산에 있는 이 절은 원래 많은 무리를 거느린 세 선인이 모이던 '삼공'이라는 봉우리에 사굴산 품일(品日) 조사가 삼공사(三公寺)를 지었고 뒤에 고려 왕건이 삼국을 통일하고 나서 영험이 현저하여 절 이름을 삼화사로 고쳤다고 한다.

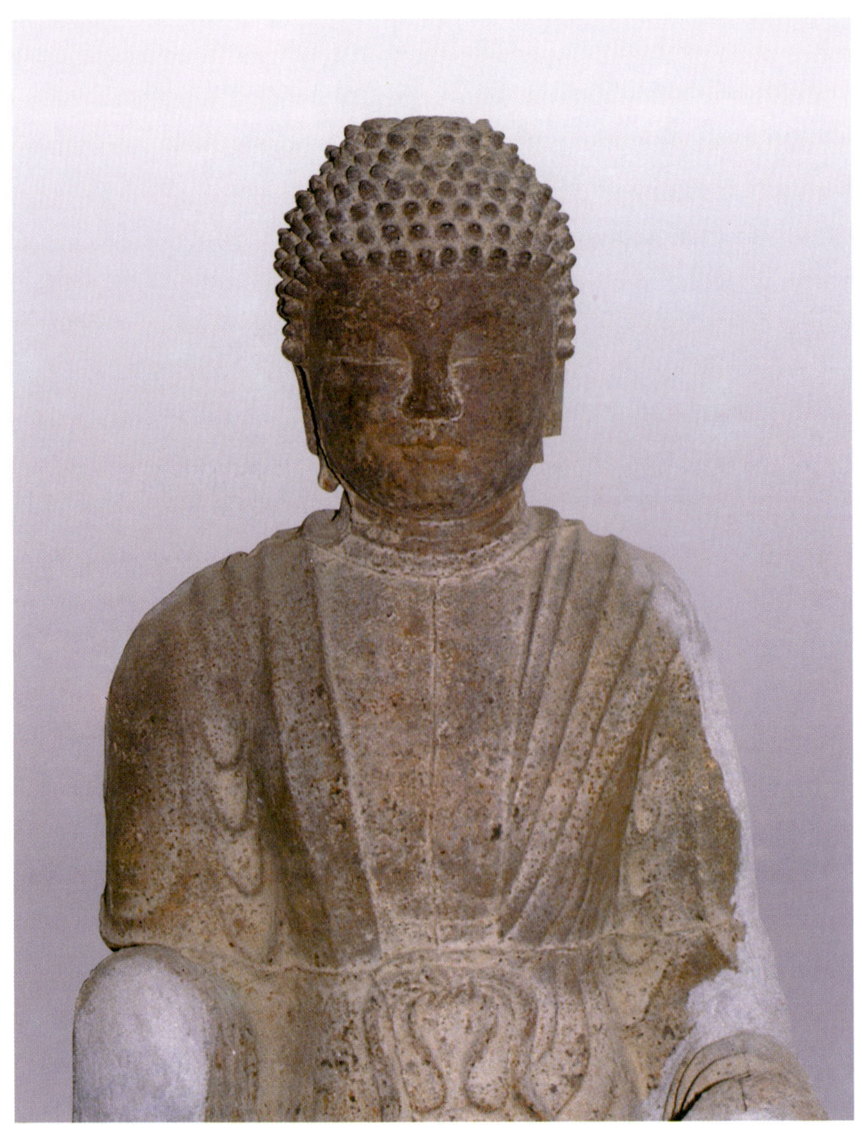

삼화사 철불 좌상 다른 철불과 달리 주조 당시의 이음선이 가슴 중앙과 허리에서 보이는 점이 특이한데 조형성이 뛰어난 상호에 비해 대의 표현이 어색하다. 이 상의 섬세한 존안 표현을 통해 10세기 초 강원도 명주 지방에서 제작된 것으로 추정되는 한송사지 석조 보살 좌상에서 볼 수 있는 조형감을 느낄 수 있다. 상 크기 120센티미터, 강원도 동해시 삼화동.

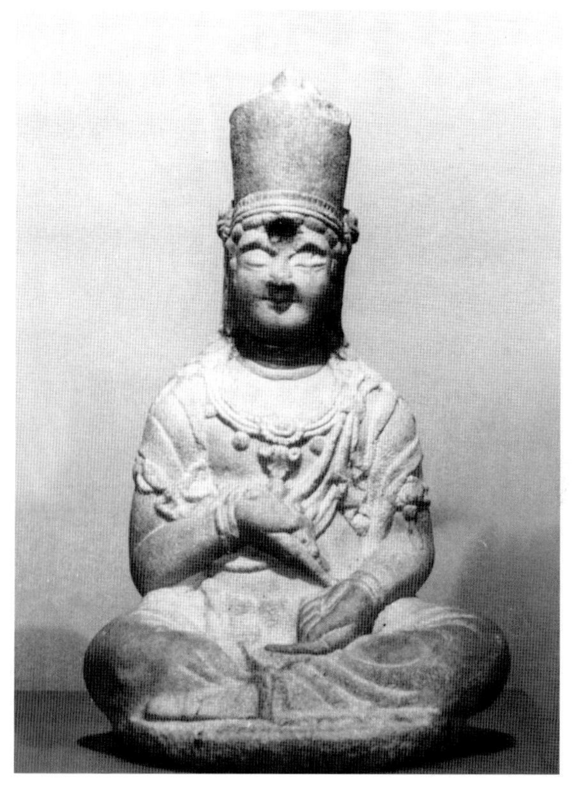

한송사지 석조 보살 좌상 부드럽고 인간적인 조형감이 특징이다. 고려시대, 상 크기 92.4센티미터, 국립중앙박물관 소장.

이 글에서 품일은 굴산선문을 개창한 범일을 말한다. 이로부터 삼화사가 범일에 의해 창건되었으며 훗날 고려 왕건의 비호를 받았음을 짐작할 수 있다.

오늘날 전하는 삼화사의 철불 좌상은 어깨와 손, 하체 일부에 손상을 입었고 나발의 정상부가 마멸되었으나 존안(尊顔)의 상호는 잘 보존되어 있다. 동그란 얼굴, 단아한 이목구비는 선정에 든 부처

님의 정신 세계를 표현하고자 한 조각가의 노력이 엿보인다. 가사
는 양어깨를 덮는 통견식이고 왼쪽 가슴에는 평행 계단식 주름을,
오른쪽 가슴에는 둥근 U자형 주름을 새겼고, 허리에는 군의 매듭이
리본 모양으로 양각되어 있다.

다른 철불과 달리 주조 당시의 이음선이 가슴 중앙과 허리에서
보이는 점이 특이하며 뛰어난 얼굴 표현에 비해 주름은 약간 도식
적으로 표현되었다.

이 불상의 깔끔하고 섬세한 존안의 모습을 통해 10세기 초 강원
도 명주 지방에서 제작된 것으로 추정되는 한송사지 석조 보살 좌
상에서 볼 수 있는 것과 같은 부드럽고 인간적인 조형감을 느낄 수
있다.

최근 철불 뒷면의 명문이 발견되어 이 불상이 화엄종의 주존인
노사나불(盧舍那佛)임이 밝혀졌다.

익산 출토 철제 보살두

철로 만든 불교 존상은 여래상이 거의 대부분이다. 현재 전하는
철조 보살상이 극히 드문 것으로 미루어 본존 여래상이 철조일 경
우에도 삼존불 좌우의 협시보살은 다른 재료로 제작되었던 것으로
보인다.

따라서 국립중앙박물관 소장의 철제 보살두는 드물게 보이는 철
조 보살상의 한 예이다.

이 보살상은 익산군 금마면 기양리에서 출토하였는데 현재 남아
있는 머리 부분의 높이가 11.2센티미터 가량이므로 보살 입상이었
다면 전체 크기는 60센티미터 이상 되었을 것이다.

마멸이 심한 상태이지만 보살상은 얼굴의 표정이 온화하고 미소
를 띤 모습이며, 머리에는 보관(寶冠)을 쓰고 보계(寶髻)가 표현되

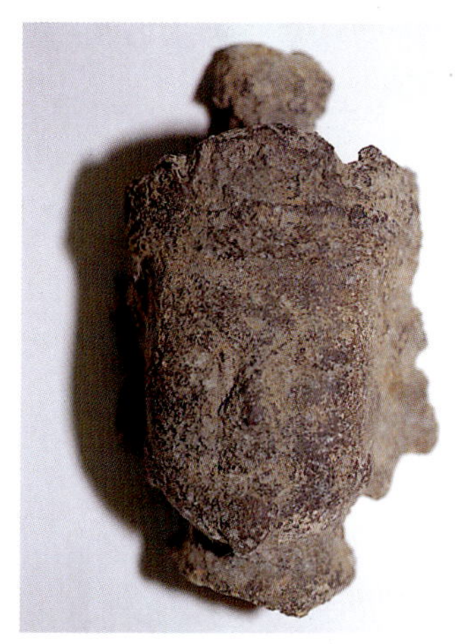

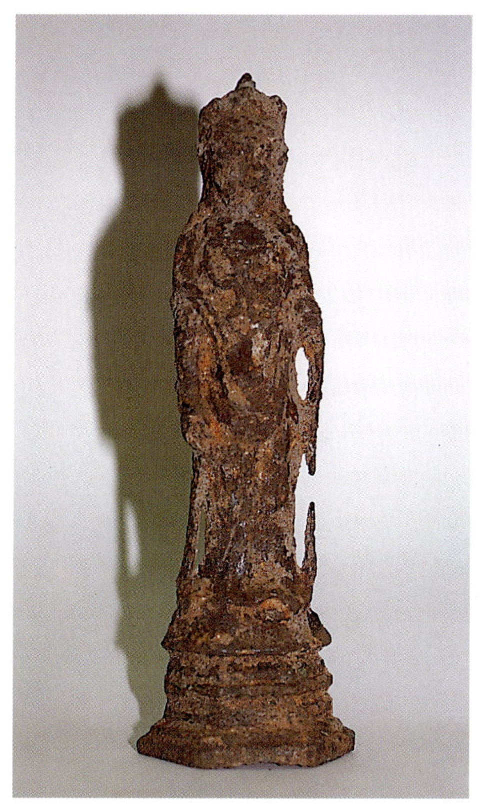

익산 출토 철제 보살두 철로 만든 보살상의 드문 예이다. 마멸이 심한 상태지만 미소를 띤 온화한 얼굴 표정이 살아 있다. 상 크기 11.2센티미터, 전북 익산군 금마면 가양리 출토, 국립중앙박물관 소장(위).

철조 보살 입상 천의의 표현이나 신체의 비례, 얼굴 표정 등을 볼 때 고려 초기에 제작된 것으로 보인다. 상 크기 33센티미터, 국립중앙박물관 소장(오른쪽).

어 있다.

조성 시기는 10세기 초쯤으로 추정되며 보살상이 출토된 익산 일대가 당시 후백제의 영토였다는 점이 주목된다.

익산 출토의 보살두 말고도 국립중앙박물관에는 출토지가 알려지지 않은 철조 보살 입상이 소장되어 있다. 이 보살 입상은 크기가 33센티미터인데 전체적으로 손상을 입어 세부의 조각을 살피기 어렵다. 그러나 머리에는 보계와 보관이 표현되었고 단아한 얼굴에 가슴 위로 목걸이가 보이며, 배 위에는 천의가 U자형으로 흘러내리고 있다.

오른손으로는 옆으로 흘러내리는 천의 자락을 잡고 있으며 왼손은 아래로 내리고 있다. 이 보살상은 신체의 비례나 천의의 표현, 얼굴 표정 등을 볼 때 고려 초기에 제작된 것으로 보인다. 철을 재료로 하여 불상을 많이 만들던 시기에 간혹 작은 규모의 보살상들도 제작되었음을 알려 주는 예이다.

광주 철불

국립중앙박물관 불상실에는 앉은 크기가 288센티미터에 달하는 대형 철불이 전시되어 있다. 일제시대에 경기도 광주군 하사창리(현 하남시 하사창동)의 논밭에서 출토되었기 때문에 '광주 철불'이라 불리는 이 불상은 현존하는 고려시대의 철불 가운데 가장 큰 상이다.

불상의 코 부분과 양손은 나중에 보수된 것이지만 석굴암 본존불의 모습을 그대로 재현하고 있어 통일신라시대 불교 조각의 전통을 잇고 있는 것으로 평가된다. 이러한 불상의 모습 때문에 일제 때는 통일신라시대 조각으로 추정되기도 하였는데 광복 뒤 절터의 발굴 조사를 통해 고려 불상으로 밝혀지게 되었다.

현재 하사창동의 절터에는 크기가 다른 두 종류의 석조 대좌 일부가 남아 있는데 큰 것이 이 철불의 대좌였던 것으로 보인다.

큰 육계와 머리 사이 중앙에는 계주를 장식했던 구멍이 뚫려 있으며 나발의 표현이 힘차다. 얼굴은 둥글고 이마의 백호공(白毫孔)에는 근래 커다란 구슬을 박아 넣었다. 긴 눈꼬리, 짧은 인중, 작은 입 등의 표현에서 고려 초기 불상 양식의 대표적인 특징이 잘 드러난다.

특히 이 불상은 석굴암 본존상의 당당한 어깨와 늘씬한 허리, 우견편단의 대의 표현, 항마촉지인상, 심지어 군의 자락이 발 앞 부근에 동그랗게 모이는 점까지 매우 비슷하다. 그러나 가슴에서 허리 쪽으로 급하게 줄어드는 신체의 표현이 어색하고 전체적으로 청년의 얼굴 모습을 하고 있는 데다 작은 입의 표정이 강인한 인상을 주기는 해도 자비로운 불격(佛格)을 잘 나타내고 있다고 할 수는 없다.

광주 철불과 같은 대규모 철불 조성의 배후에는 당시 막강했던 호족 내지는 왕실의 세력이 있었을 것이다.

고려 초 광주 지역의 호족이었던 왕규(王規)는 두 딸(廣州院夫人, 小廣州院夫人)과 태조 왕건을 혼인시키고 또다시 딸 하나(後廣州院夫人)를 혜종(惠宗)에게 출가시켰다. 이렇게 혼인을 통해 고려 왕실과 인척 관계를 맺고 대광(大匡)의 지위에 올랐던 왕규는 대호족이 되어 위세를 떨치고 있었다.

따라서 광주 철불은 왕규와 관련이 있을 것이라는 추측이 가능한데, 왕규는 사위인 혜종을 시해하고 자신의 외손자인 광주원군(廣州院君)을 옹립하려다가 945년에 족당 300여 명과 함께 몰살당했다. 그러므로 광주 철불이 왕규 세력의 후원으로 제작되었다면 10세기 초에 조성되었다는 추측이 가능하다.

석굴암 본존불의 형식에다 신생국 고려의 활기가 더해진 광주 철불 유형의 불상들은 고려 초기에 크게 유행했던 것으로 보이는데, 신라 지역으로부터 도상적인 영향을 받은 점 말고도 신라 지역의 조각가들이 중부 지역으로 이동하여 활동했을 가능성을 생각해 볼 수 있다.

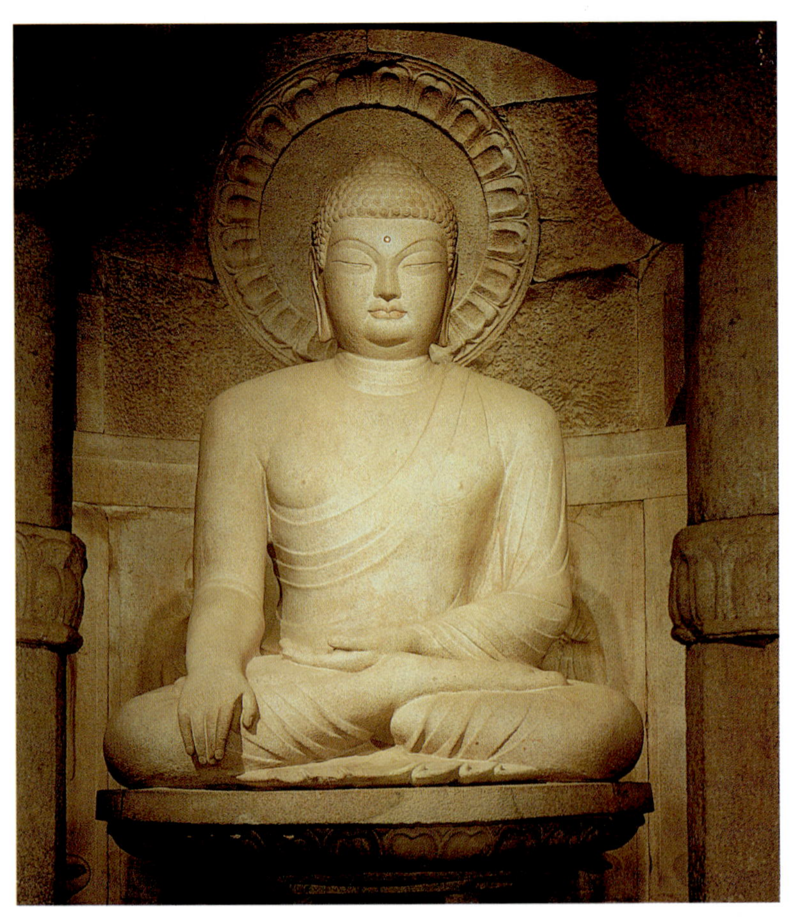

석굴암 본존상 통일신라시대 불교 조각의 전통을 보여 주는 불상으로 훗날 여러 불상 조각의 모범이 되었다. 전체 상 크기 약 160센티미터, 경상북도 경주시 진현동 토함산(위).

광주 철불 현존하는 고려시대 철불 가운데 가장 큰 불상으로 석굴암 본존상의 모습을 재현하고 있어 일제 때는 통일신라시대에 제작된 것으로 추정되기도 했다. 긴 눈꼬리, 짧은 인중, 작은 입 등의 표현이 고려 초기 철불의 특징을 잘 드러내고 있다. 상 크기 228센티미터, 경기도 광주군 동부면 하사창동 출토, 국립중앙박물관 소장(옆면).

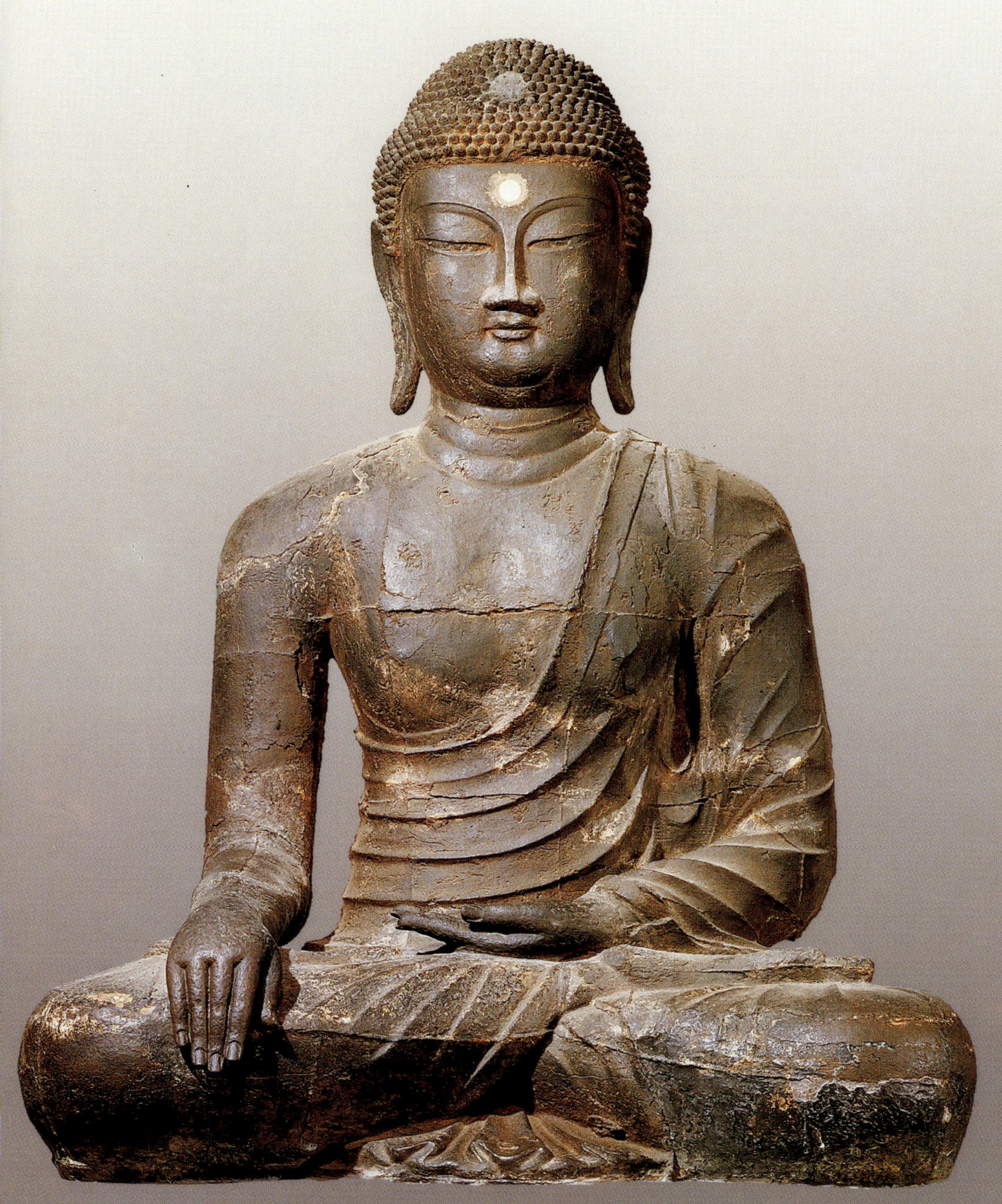

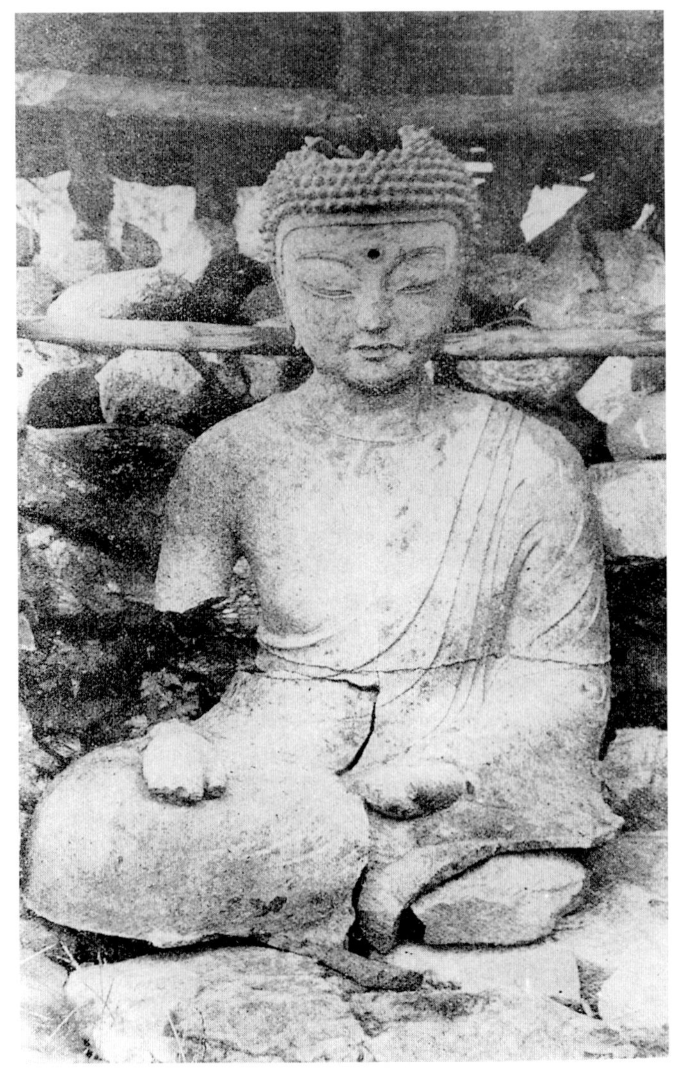

사나사 철불 좌상 부분적으로 훼손된 채 전해 오던 불상으로 현재는 전하고 있지 않다. 섬세한 이목구비에 우견편단의 옷주름이 잘 표현된 훌륭한 철불이다. 상 크기 약 109센티미터.

사나사 철불 좌상

고려 태조 재위 초년의 철불 양식을 알 수 있는 불상으로는 경기도 양평군 고읍면 용천리 사나사(舍那寺) 철불 좌상을 꼽을 수 있다.[26]

『신증동국여지승람』에는 사나사가 미지산(彌智山)에 있다고 하였는데, 미지산은 용문산(龍門山)의 다른 이름이다. 1907년 일제에 의한 의병 토벌 때 병화로 절이 소실되었고, 불상도 부분적으로 손상된 채 전해 오다가 6·25동란 때 완전히 파괴되어 없어진 것으로 보인다.

1916년에 간행된 『조선고적조사보고서』에 철불의 보존 상태가 간단히 소개되어 있다. 화재로 인해 오른팔의 일부와 양손의 손가락 부분, 왼쪽 무릎, 머리 꼭대기 부분 등이 부서져 있지만 제작 기술이 우수하고 얼굴이 단정하며 옷주름도 선명하다고 기록되어 있다.

사진으로 보아도 존안의 이목구비가 섬세하고 우견편단으로 입은 가사 주름이 유려하며 항마촉지인을 짓고 있는 훌륭한 불상임을 알 수 있다.

『한국사찰사전』에는 사나사가 신라 경명왕 7년(923)에 대경(大鏡) 대사와 그 제자 융천(融闡) 등이 창건한 것으로 기록되어 있는데, 이 철불의 양식으로 보아서 창건과 동시에 조성된 상일 가능성이 크다. 현재 절터에는 창건 당시에 조성된 것으로 보이는 3층석탑이 남아 있다.

포천 출토 철불 좌상

경기도 포천군 이동면 백운동에서 1925년 국립중앙박물관으로 옮겨왔다. 미국 워싱턴의 스미소니언박물관에서의 전시를 마치고 근래 돌아온 이 철불 좌상은 여러 점에서 주목된다.

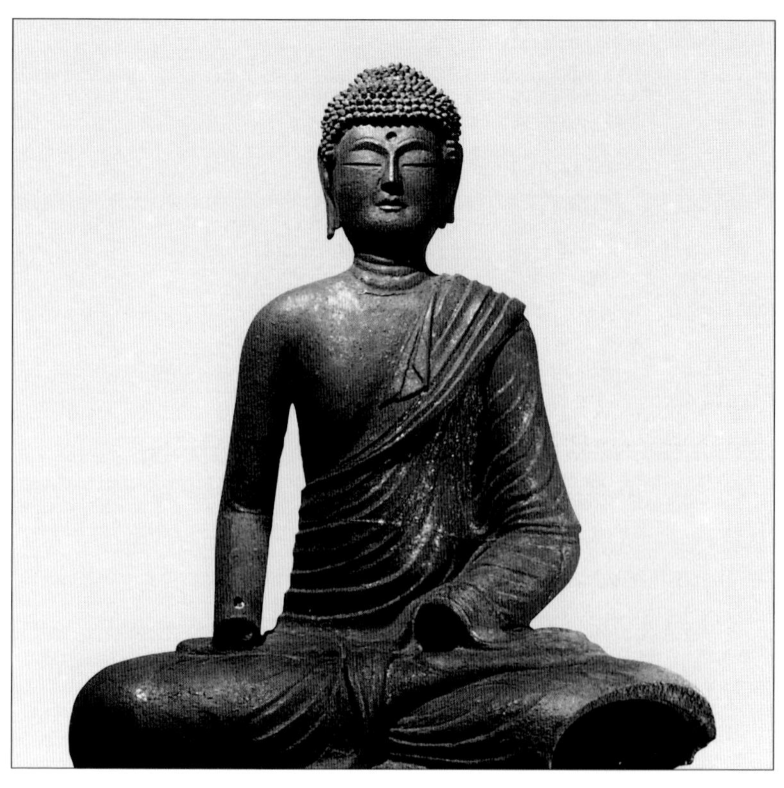

포천 출토 철불 좌상 불국사 금동불 좌상과 한천사 철불 등에서 표현된 장신형 비례를 하고 있지만 얼굴 표정은 더 현실화되고 세속화되어 사실적인 상에 가깝다. 상 크기 133센티미터, 경기도 포천군 이동면 백운동 출토, 국립중앙박물관 소장.

상의 크기는 133센티미터에 이르고 몸체의 허리가 길며 무릎 폭이 넓어 장신(長身)의 체구를 보여 준다. 존안은 선정에 든 모습인데 부푼 듯 둥근 뺨과 이목구비의 표현은 다소 세속적이긴 하지만 인간적인 면모가 잘 표출되고 있다.

가늘고 긴 신체에는 군데군데 도금(鍍金)의 흔적이 남아 있는데 우견편단으로 걸친 가사는 어깨 위에서 접혀지면서 몇 가닥의 주름을 만들고 팔 위와 배 위의 띠주름이 물결이 흐르는 것처럼 새겨졌다. 결가부좌한 다리의 중앙에 역시 부채꼴로 옷자락이 모여 있고 오른쪽 발목 위에 옷단이 밖으로 접혀 세 가닥의 주름을 이루고 있는 점이 눈에 띈다.

양식적인 면에서 볼 때 포천 철불은 불국사 금동불 좌상이나 한천사 철불에서 보이는 장신형 비례에 가까우면서도 안면 표현에서는 더 현실화되고 세속화된 느낌을 준다.

또 얼굴 모습이나 우견편단으로 입은 대의 옷깃이 어깨 위에서 밖으로 접혀 세모꼴을 이루는 표현, 물결 모양의 대의 주름과 발목 부근에서 옷단이 밖으로 접히는 표현 등은 전 적조사지 철불 좌상과 상당히 비슷하다.

따라서 고려 초에 활동하던 여러 계열의 불상 제작소 가운데 한 곳에서 이와 같은 유형의 불상들이 다량 만들어졌던 것으로 짐작된다. 특히 포천의 백운동(白雲洞)은 지리적으로 개경보다 철원에 인접하여 후고구려(泰封)의 중앙 지역에서 활동하던 조각가들에 의해 조성된 상일 가능성도 한번 생각해 볼 수 있다.

전 적조사지 철불 좌상

고려 초에는 많은 철불들이 개경 지역의 새로 지은 사찰에 봉안되었을 것이다. 알려진 것처럼 왕건은 즉위하던 해, 개경에 10찰을 창건한 것을 비롯하여 많은 사찰을 중수하였는데 당시 주조된 개경의 철불로 전 적조사지(寂照寺址) 철불 좌상을 꼽을 수 있다.

이 불상은 경기도 개풍군 영남면 평촌동의 폐사지에서 발견되었다. 원래 이 절터는 일본 학자들에 의해 적조사지로 추정되었다. 그러나 이곳에서 청태(淸泰) 4년(937)의 비명 후기(碑銘後記)가 있는

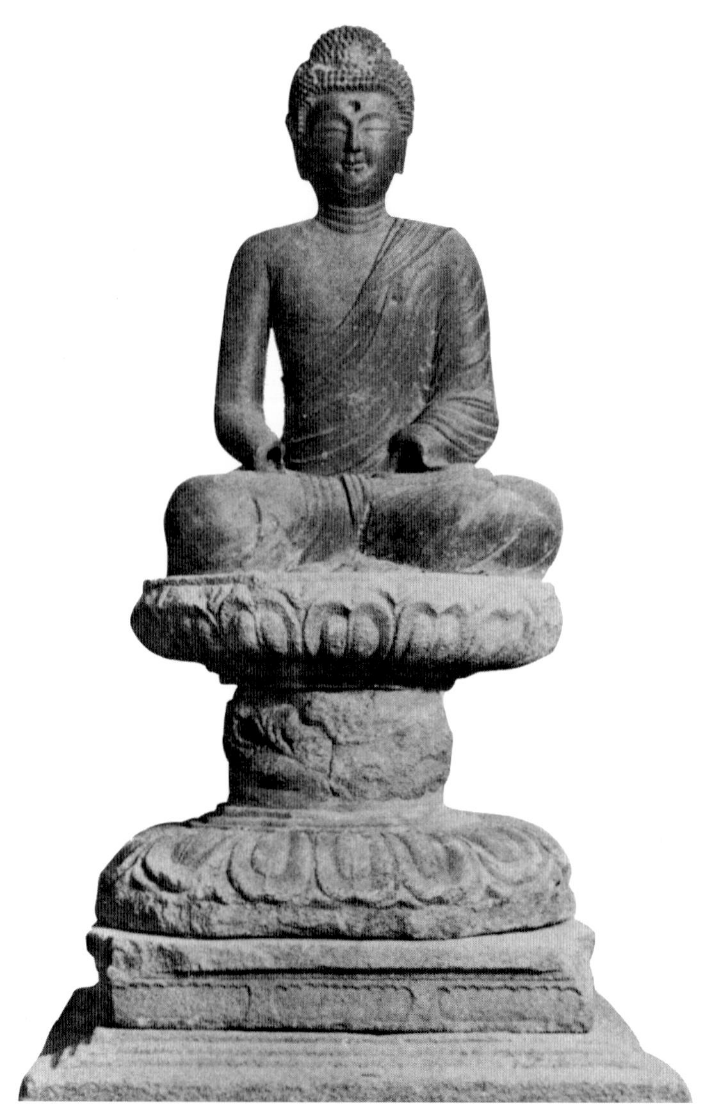

전 적조사지 철불 좌상 얼굴과 육계의 표현이 철제 불두 3과 비슷해 같은 조각가나 제작소에서 만든 것으로 추정하고 있다. 상·중·하단이 완벽하게 갖춰진 석조 대좌 위에 모셔져 있다. 상 크기 176센티미터, 개성박물관 소장.

요오(了悟) 화상 순지(順之)의 비석 조각이 발견됨에 따라 왕건의 가계와 관계가 깊은 순지가 머물던 오관산(五冠山) 용암사(龍岩寺)로 추정되고 있다.

순지는 신라 말의 스님으로 시호는 요오이다. 859년 당에 가서 앙산 혜적(仰山慧寂, 815-891년)의 법을 받아 돌아왔다. 헌강왕 초기에 송악의 원창 왕후와 그의 아들이자 왕건의 아버지인 위무대왕의 시주로 오관산 용암사를 창건하였는데 이 절은 뒷날 서운사(瑞雲寺)로 개명되었다. 따라서 이 철불은 용암사에 봉안되었던 고려 초기의 불상이라고 여겨지는데 경복궁 회랑에 전시되다가 1934년 개성박물관으로 옮겨졌다.

현재 불상의 몸체와 대좌는 거의 완전하게 남아 있지만 광배와 항마촉지인을 결했을 것으로 추정되는 양손은 훼손되었다. 육계는 높고 둥글며 얼굴은 소년과 같이 밝고 생기에 넘치는 모습이다. 눈은 일직선으로 길게 새겨졌고, 눈썹 위에는 활모양의 곡선이 파여져 있다. 얼굴은 갸름하고 양뺨은 통통한데, 미소를 띤 입은 작고 입가는 오목하게 들어갔으며 입술의 윤곽선이 섬세하다. 이와 같은 얼굴 모습과 육계 형태는 국립중앙박물관 소장의 철제 불두 3과 아주 닮아서 한 조각가의 솜씨이거나 같은 제작소에서 만든 것으로 추정되고 있다.

불상의 대의는 우견편단식으로 표현되었는데 어깨와 가슴에 새겨진 물결 무늬의 옷주름과 광주 철불보다 양감이 줄어든 가슴, 무릎 폭이 약간 좁아진 점을 고려할 때 양식화가 다소 진전된 단계임을 알 수 있다.

석조 대좌는 지대석(地臺石) 위에 안상(眼象)이 새겨진 기단이 있고 복련(覆蓮)의 하대와 용이 꿈틀대는 고복형(鼓腹形)의 중대석, 상대의 앙련좌(仰蓮座)가 완전하게 갖추어져 있다. 특히 중대석

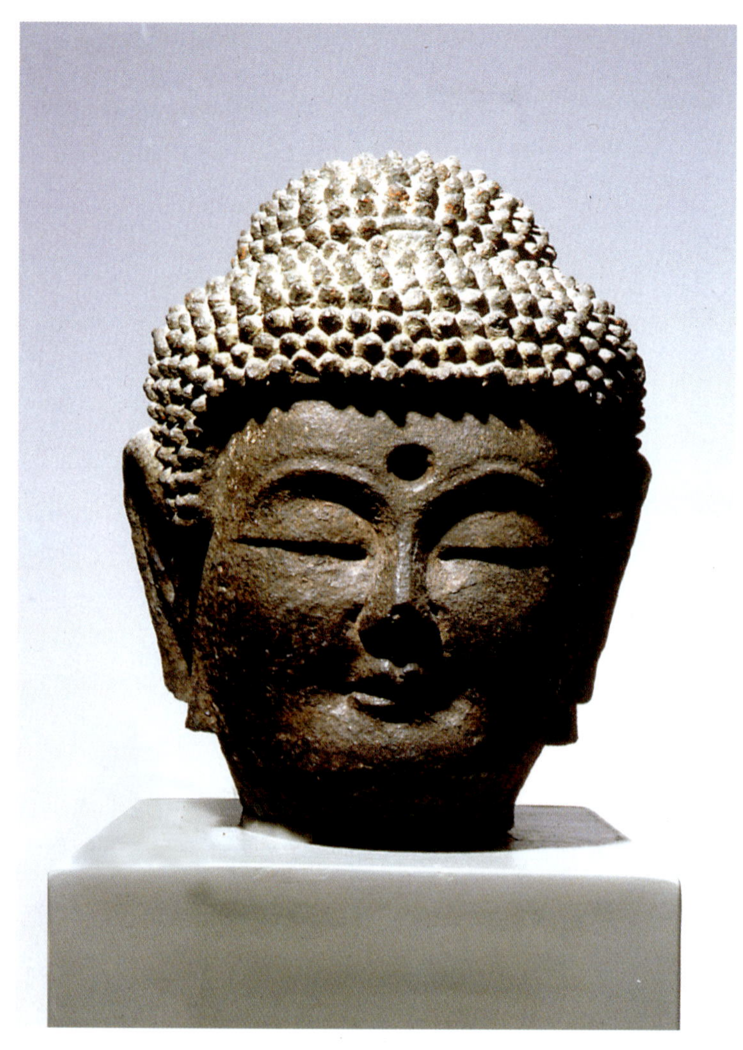

철제 불두 3 고려 초기에 제작된 것으로 추정되며 전체적으로 여성적인 이미지에 나발이 발달한 점이 눈에 띈다. 상 크기 38.5센티미터. 국립중앙박물관 소장.

에 조각된 용은 나말 여초기의 승탑이나 석등에 나타나기 시작하는 것으로 흥미를 끈다.

철제 불두 3

전 적조사지 철불 좌상의 존안과 모습이 흡사한 이 철제 불두는 크기가 38.5센티미터이다. 1962년 국립중앙박물관에 소장되었는데 역시 고려 초기에 제작된 것으로 보인다.

나발이 발달하였고 머리와 육계 사이에 계주가 보이며 얼굴은 눈썹이 둥글게 곡선을 그리듯 새겨져 있다. 눈은 일직선으로 길게 표현되었는데 눈의 아래 윤곽선이 활모양으로 휘었다. 코는 짧고 오뚝하며 입은 작은데 입가에 띤 미소와 통통한 양볼이 여성적인 이미지를 띠고 있다.

만기사 철불 좌상

전 적조사지 철불 좌상과 관련하여 주목되는 불상으로 평택 만기사(萬奇寺) 철불 좌상을 예로 들 수 있다. 이 상은 경기도 평택군 진위면 동천리에 있는 만기사의 최근에 지어진 법당에 봉안되어 있다.

지금은 두껍게 도금이 되어 원래의 상호를 알아보기 어렵다. 하지만 존안과 어깨·무릎 폭의 비례와 우견편단의 착의 형식, 가슴과 팔 위를 흐르는 주름, 대의가 어깨 위에서 뒤집혀 접힌 모양, 군의 자락이 발목 근처에서 접히는 점 등 도상적인 면에서 전 적조사지 불상을 충실히 따르고 있다. 그러나 가슴과 다리 위의 옷주름이 딱딱해지고 생동감이 줄었다.

『신증동국여지승람』에는 만기사가 무봉산(無鳳山)에 있다는 간략한 언급이 있고, 『한국사찰전서』에는 고려 태조 25년(942)에 창건되

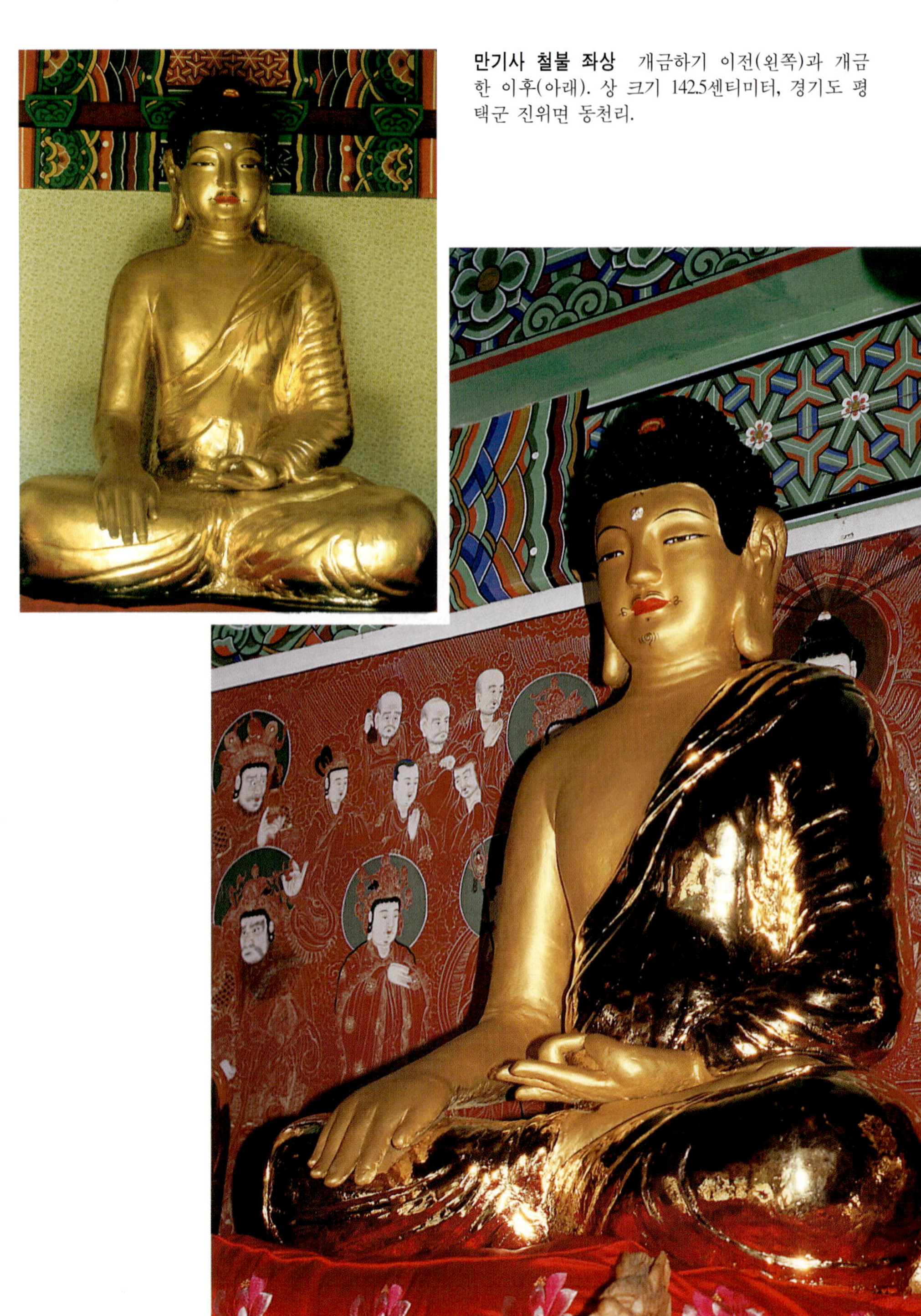

만기사 철불 좌상 개금하기 이전(왼쪽)과 개금한 이후(아래). 상 크기 142.5센티미터, 경기도 평택군 진위면 동천리.

었다는 기록이 있는데 불상의 양식으로 볼 때 창건 당시에 제작된 것으로 보아도 무리가 없을 듯하다.

보원사지 철불 좌상

고려 초에 조성된 것으로 여겨지는 여러 철불 가운데 오랫동안 경복궁 회랑에 진열되어 오다가 1988년 국립중앙박물관 전시실로 옮겨진 철불 좌상이다. 이 불상은 높이가 257센티미터로 광주 철불보다는 조금 작지만 나말 여초기의 철불로 대단히 큰 상이다.

1920년에 출간된 『박물관진열품도감』에는 이 불상이 1918년 3월에 서산 보원사지에서 옮겨진 것으로 기록되어 있다. 알려진 것처럼 보원사는 삼국시대에 창건된 유서 깊은 고찰로 고려시대에 이르도록 융성했던 사찰이었다. 특히 광종과 긴밀한 관계를 가졌던 법인 국사 탄문이 이 절에 주석하였던 고려 초에 왕실의 후원으로 대대적인 불사가 이루어졌던 것으로 보인다. 경종 3년(978)에 세워진 법인 국사 보승탑비에 의하면 탄문은 광종이 즉위하던 해에 석가 삼존 금상을 조성하였다. 이때 만들어진 불상이 바로 국립중앙박물관에 소장된 이 철불일 수 있으며, 그렇다면 조성 연대는 949년경으로 잡혀진다.

불상은 몸체에 비해 머리 부분이 크고 목은 굵고 어깨는 좁아서 비례 면에서 균형이 깨진 듯한 인상을 준다. 육계는 낮은 편이며 얼굴은 콧날이 좁고 그에 비해 가로로 긴 입의 양끝이 아래로 처진 듯하여 전체적으로 토속적인 분위기를 띠고 있다. 대의는 얇은데 우견편단으로 표현되었고 옷주름은 넓은 평행 주름으로 새겨져 있다. 없어진 양손은 항마촉지인을 하고 있었던 것 같다.

대체로 보원사지 철불은 앞에서 보았던 광주 철불이나 전 적조사지 철불에 비해 추상화되었는데 이 불상의 조각가는 여래의 이상

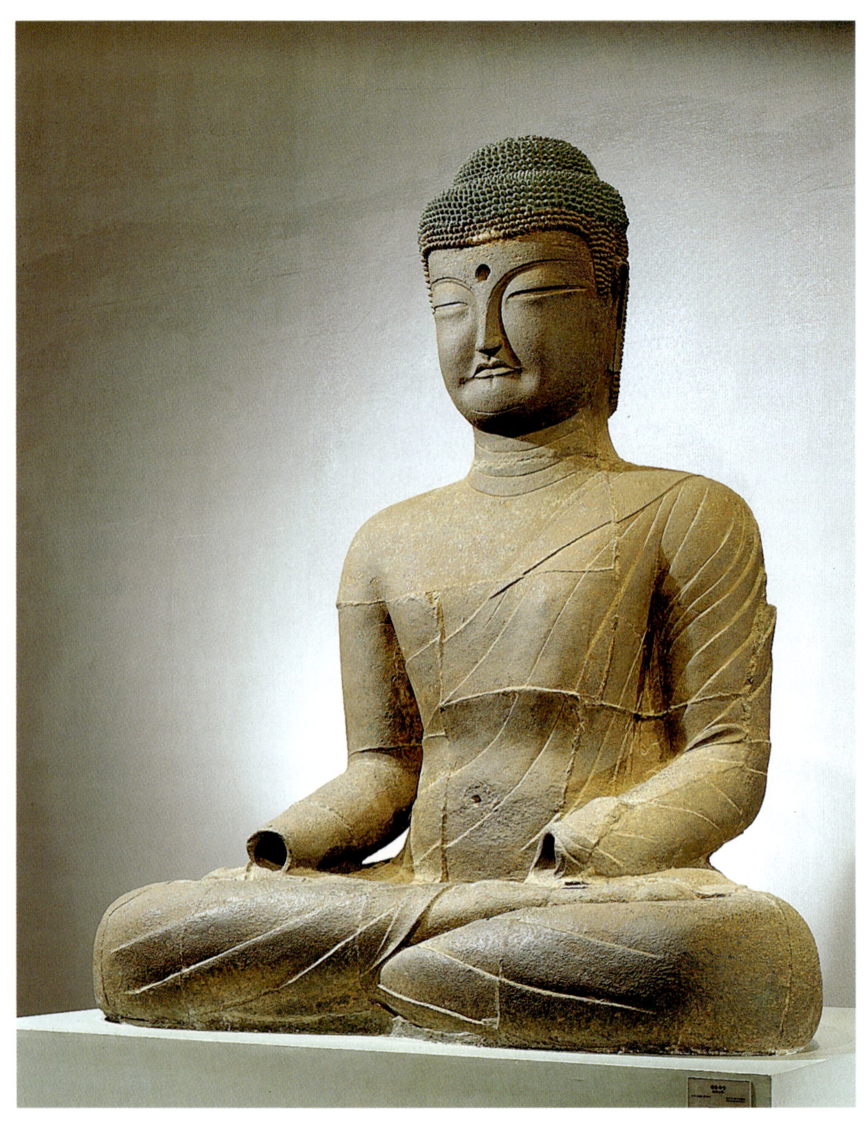

보원사지 철불 좌상 높이가 257센티미터나 되는 불상이다. 전체적으로 균형이 깨진 듯한 모습을 하고 있지만 엄격함과 근엄한 분위기에서 보는 이를 압도하고 있다. 상 크기 257센티미터, 국립중앙박물관 소장.

적인 정신성 재현이나 미적인 조화의 아름다움보다는 보는 이를
압도하는 엄격함과 근엄한 분위기의 구현에 치중하였던 것으로 생
각된다. 또한 이 불상과 양식적으로 유사한 철불들이 원주 지방에
여러 구 전하고 있어 철불 조성의 유파 문제도 논의해 볼 수 있다.

원주 출토 철불 좌상

강원도 원주시 학성동 일대에서[27] 1916년경 국립중앙박물관으로
옮겨진 세 구의 철불 좌상은 서로 닮은 모습으로 같은 불상 제작소
에서 만들어졌다고 생각된다.

이 철불들은 기본적으로 석굴암 본존상의 형식을 따라 수인은 항
마촉지인을 하고 우견편단의 법의를 입고 있으며, 결가부좌한 다리
중앙에 군의 자락이 부채꼴로 모여 있다.

존안은 턱이 짧고 하악골이 발달하여 사각형에 가깝고 볼 부위는
팽팽하며 수평으로 긴 눈에 콧날은 좁다. 입술은 가늘고 입술 윤곽
선은 섬세하며 전체적으로 독특한 얼굴 모습을 하고 있다. 반듯하
게 편 자세의 몸체에는 우견편단식으로 입은 대의가 얇게 몸에 붙
은 듯이 조각되었고 옷주름은 넓은 띠주름으로 선각되었다.

원주 불상들은 여러 면에서 보원사지 철불과 유사하다. 얇은 법
의와 선각된 넓은 띠 모양의 주름이라든지 폭이 좁은 코와 얇은 입
술 등 딱딱하게 추상화된 존안의 표현, 왼팔이 접히는 부근에서 리
본 모양의 주름이 새겨진 점 등에서 서로 닮았는데 원주 불상들이
보원사지 상보다 규모가 작아서 그런지 신체 비례감이 좋다. 또 제
작할 때 생긴 이음선도 전면에 드러나지 않고 있다.

그런데 원주 철불들에서 보이는 특이한 얼굴은 어떻게 나타나게
되었고 보원사뿐 아니라 원주 지역까지 여러 구의 작례를 남기게
되었을까 하는 문제에 대해 관심을 갖지 않을 수 없다.

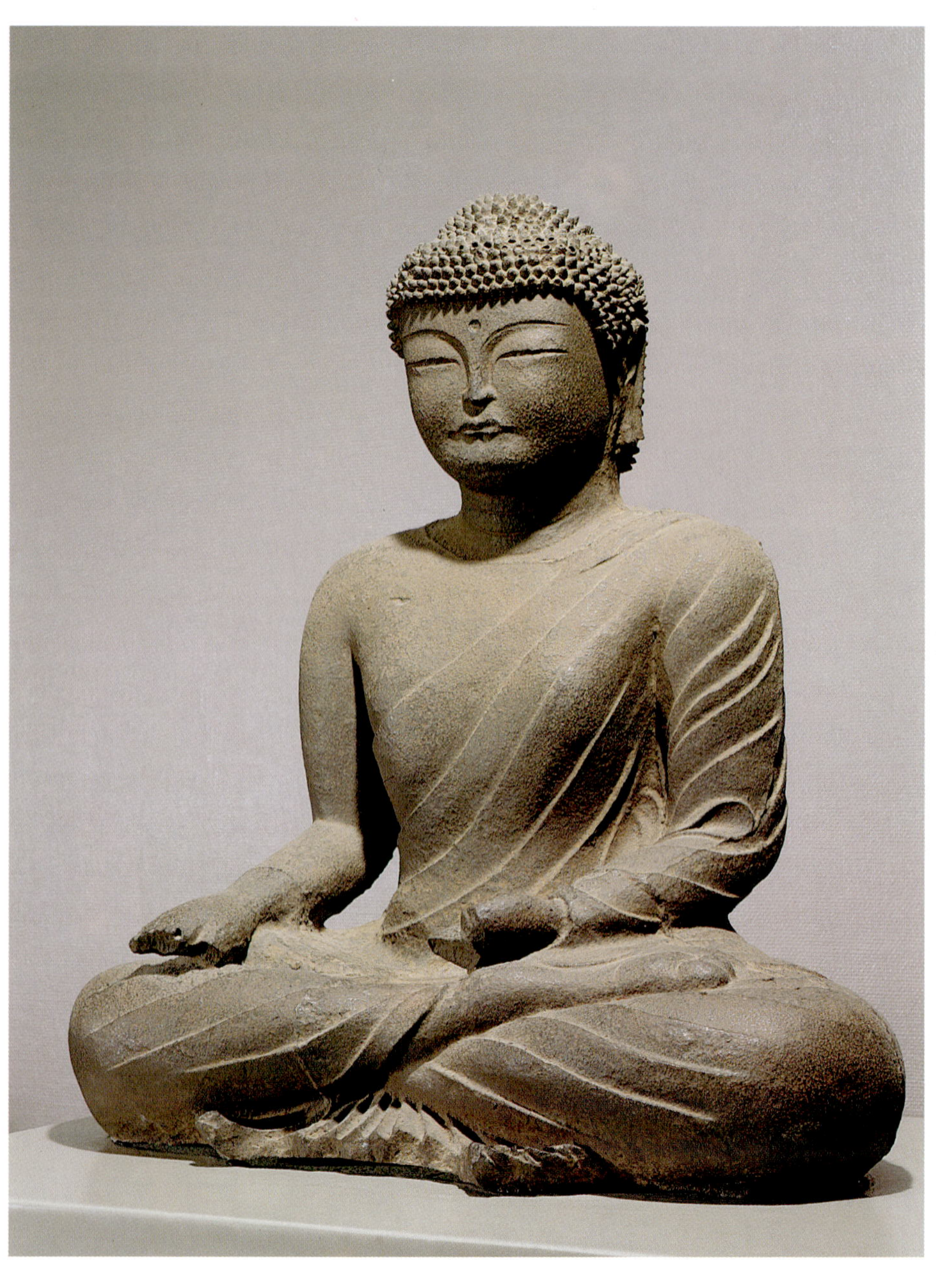

86 우리나라의 철불

원주 출토 철불 좌상 강원도 원주 지역에서 출토된 불
상들로 서로 닮은 모습을 하고 있어 같은 곳에서 제작
된 것으로 보인다. 수인과 법의, 부채꼴로 다리 중앙에
모이는 군의 자락 등이 석굴암 본존상의 형식을 따르고
있다. 국립중앙박물관 소장.

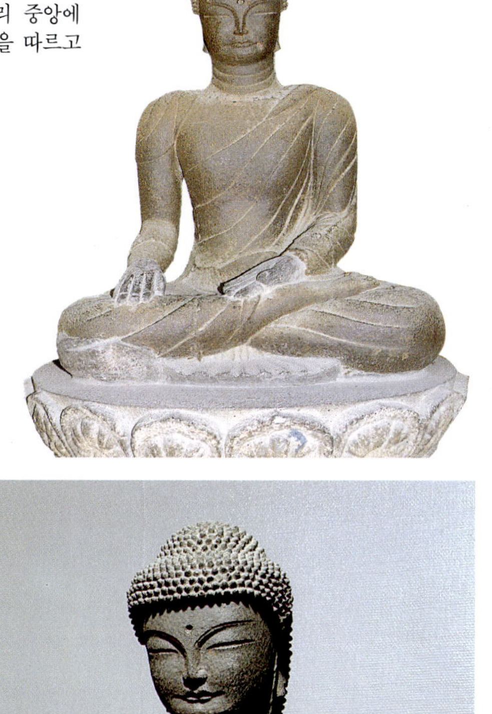

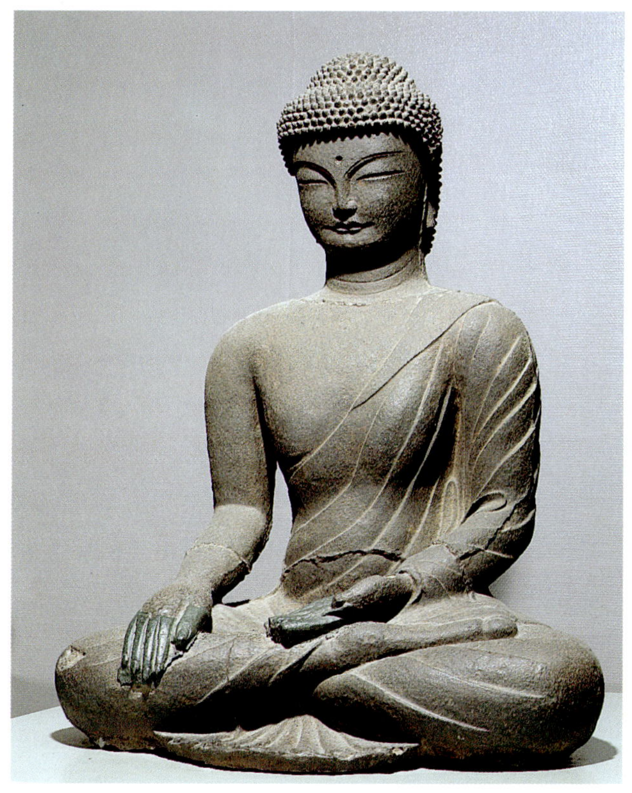

원주 철불이 발견된 원성군에서 멀지 않은 영월군 수주면 사자산 (獅子山) 흥녕사지(興寧寺址)에 전하고 있는 징효(澄曉) 대사 절중 (折中)의 보인탑 비문(寶印塔碑文)은 이 문제에 대해 약간의 실마 리를 제공한다.

보인탑비에는 선종 구산의 하나인 사자산파를 열었던 절중 스님 (826~900년)의 행적과 함께, 스님이 입적한 뒤 40여 년이 지난 뒤 인 고려 혜종 원년 944년에 탑비 건립을 후원한 시주자들의 이름이 새겨져 있다.

이 가운데에는 훗날 왕위에 올라 정종이 된 왕요군(王堯君)과 광 종이 된 왕소군(王昭君) 외에도 이들의 외조부인 유긍달(劉兢達), 광주 지역의 대호족 왕규, 명주 호족 왕경(王景) 등의 이름이 보인 다. 그 밖에 원주(原州)·죽주(竹州)·공주(公州)·제주(提州)·냉 주(冷州) 등 여러 주·군·현의 촌주명(村主名)이 발견되고 있어 강원도 일대는 물론 경기·충청 지역의 호족들이 탑비 건립에 대 거 참여했음을 알 수 있다.[28]

결국 광종은 즉위하기 전부터 영월의 흥녕사와 연관을 맺고 있었 고 이곳에서 멀지 않은 원주 지역에도 광종이나 그의 외가인 충주 유씨가 영향을 미치고 있었던 것으로 짐작된다. 보원사지 철불과 원주 출토 철불들과의 유사성은 이와 같은 추측을 더욱 가능케 하 며 이 불상들을 제작한 조각가들 역시 같은 계열에 속하는 것으로 보인다.

그런데 이 불상들에서 표현된 독특한 얼굴을 단순히 양식적으로 추상화된 결과라고 이해해야 할 것인가, 그것이 아니면 당시의 어 떤 인물 곧 고승(高僧) 또는 왕자(王者)의 얼굴에서 불안(佛顔)의 이미지를 찾은 것일까?

이 물음에 대한 답은 여전히 풀어야 할 숙제로 남아 있다.

선원사 철불 좌상

이 철불은 전북 남원시 도통동에 위치한 선원사 약사전에 안치되어 있다. 귀끝과 양손이 보수되었지만 전체적으로 불상의 보존 상태는 양호한 편이다.

상 크기는 약 120센티미터 정도이며 앞으로 약간 고개를 숙였으나 불신의 체구는 당당하고 상호도 차분하여 안정감이 느껴진다. 양어깨를 가리는 통견의 착의와 가슴이 V자 모양으로 드러나도록 대의의 앞부분이 여며지는 표현이 특이하다.

이와 같은 대의 표현은 충북 청원 영하리(靈下里) 탑산동 폐사지의 석불 좌상에서도 발견된다. 이 석불의 가슴 위에 새겨진 평행 주름과 소매 위의 주름이 선원사 철불의 옷주름 표현과 상당히 유사하여 이러한 형식의 여래상 도상이 고려 초기에 이 지역에 퍼져 있었던 것으로 짐작된다.

선암사 철불 좌상

전남 승주군 승주읍 죽학리 조계산 선암사에 전하는 철불 좌상은 현재 마멸이 심하고 호분이 두껍게 입혀져 있어 원래 모습을 찾기 어렵다.

그러나 딱 벌어진 어깨에 우견편단의 착의와 가슴 대의 옷섶이 띠를 이룬 모습, 발 아래 옷주름이 부채꼴로 모이는 점은 고려 초기에 유행하던 여래상의 형식을 그대로 보여 주고 있다.

10세기경에 조성된 것으로 추정되는 이 철불의 양손은 근래에 만들어 끼운 것으로, 팔 모양으로 보아서 처음부터 항마촉지인을 짓고 있었던 것으로 생각된다.

선암사는 나말 여초에 풍수지리설로 유명했던 도선에 의해 창건되었고 대각 국사가 고려 선종 9년(1092년)에 중창했다고 전한다.

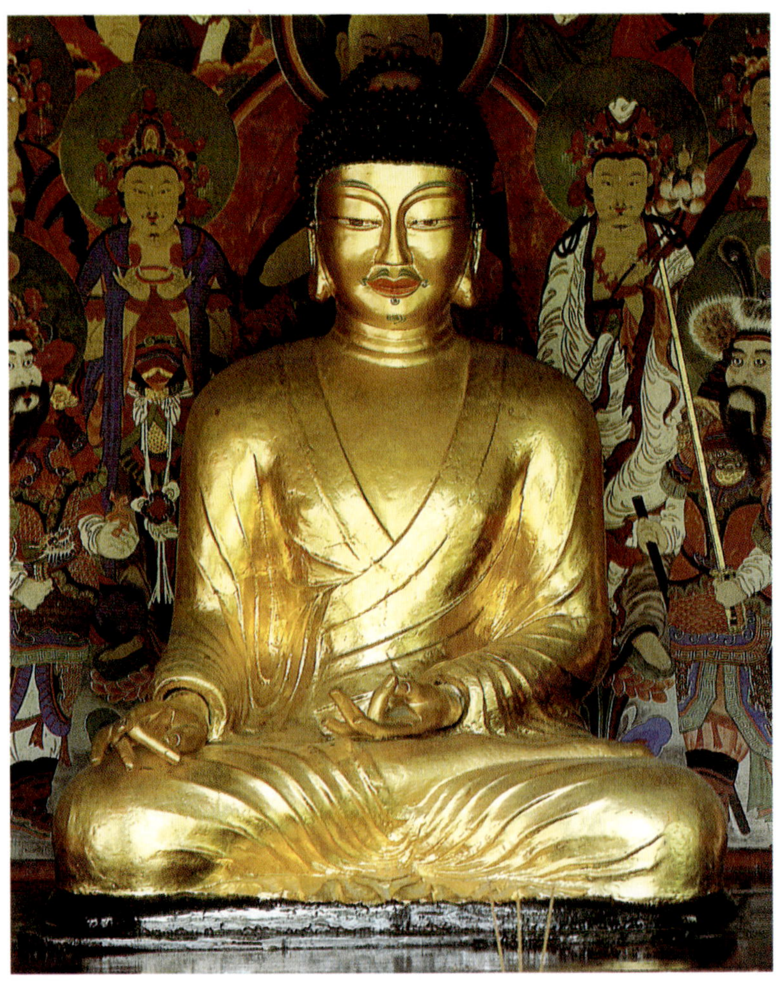

선원사 철불 좌상 양어깨를 가리는 통견식 착의와 V자 모양의 대의가 특이하다.
귀끝과 양손은 보수된 것이다. 상 크기 120센티미터, 전북 남원시 도통동.

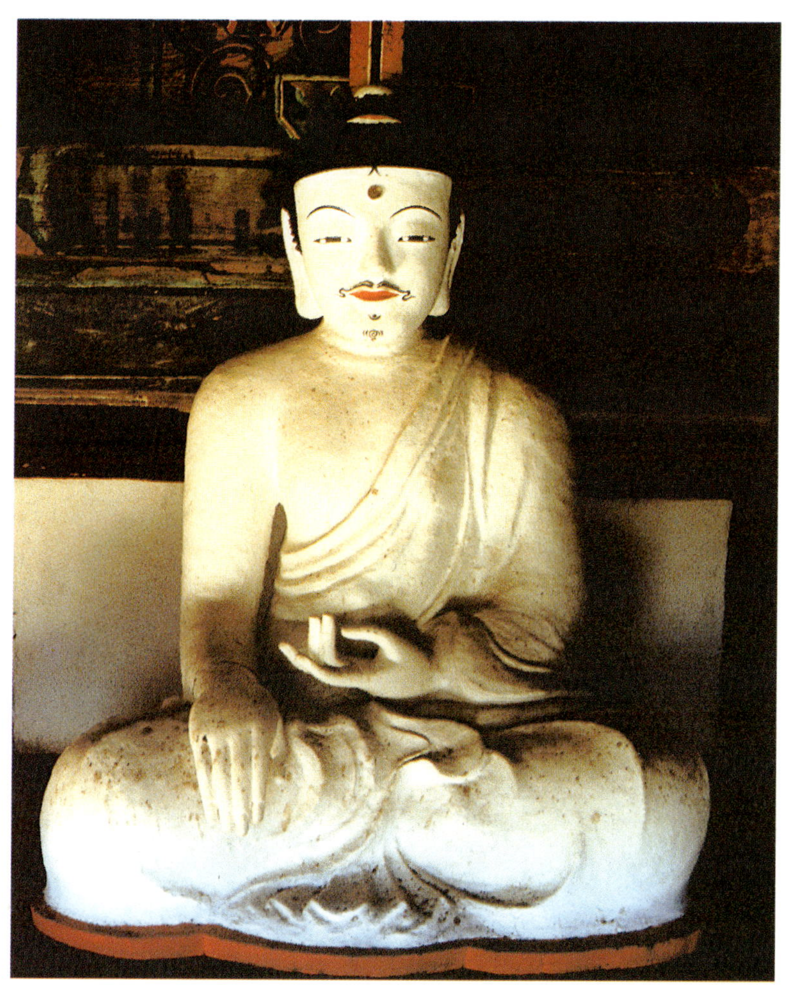

선암사 철불 좌상 마멸이 심하고 호분이 두껍게 입혀져 있어 원래의 모습은 찾아보기 힘들지만 고려 초기에 유행하던 여래상의 형식이 그대로 표현되어 있음을 알 수 있다. 상 크기 140센티미터, 전라남도 승주군 승주읍 죽학리.

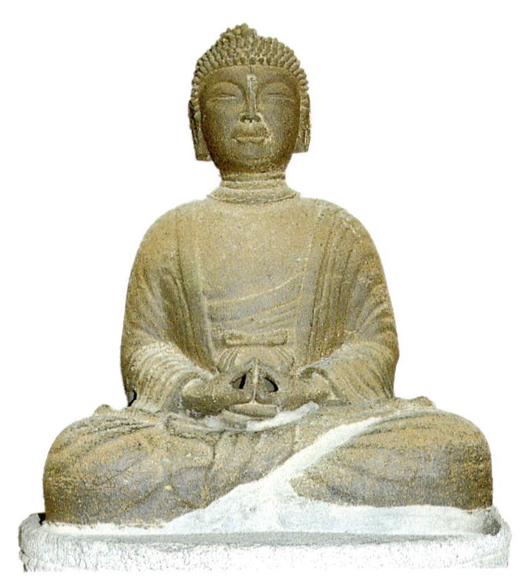

원주 출토 철조 아미타불 좌상 부드러운 얼굴 모양이 사실적이며, 아미타불의 구품인 가운데 상품상생인의 수인을 하고 있다. 상 크기 약 110센티미터, 강원도 원주 출토, 국립중앙박물관 소장.

원주 출토 철조 아미타불 좌상

강원도 원주시 우산동 일대의 들판에 방치되어 있다가 박물관으로 옮겨진 이 불상은 아미타불의 구품인 가운데 상품상생인을 짓고 있다.

상의 크기는 약 110센티미터 정도이고 머리는 나발이며 얼굴은 사실적이고 부드럽게 조각되었다. 통견식으로 대의를 걸친 어깨의 곡선이 둥글고, 대의와 군의의 주름은 넓은 띠주름이며 안에 입은 내의의 띠매듭이 보인다.

이 철불에는 석조 대좌가 남아 있는데 연잎 등 각 부분의 조법이 떨어진다. 앞에서 살펴본 원주 출토 철불들과 비교해 볼 때 조성 시기가 다소 늦는 것으로 추정된다.

지금까지 살펴본 나말 여초기 철불 외에도 영천 선원동 철불 좌상과 국립중앙박물관에 소장된 몇몇 철불들은 대체로 고려 전기에 제작된 것으로 생각된다. 전란이나 화재로 파괴된 상들을 추가한다면 꽤 많은 철불이 만들어졌을 것이다. 대체로 여래상으로 만들어졌는데 드물게 보살상으로도 만들어진 것 같다. 국립중앙박물관에 소장되어 있는 철조 보살 입상과 익산군 금마면에서 출토한 철조 보살두 그리고 청양 운장암 철조 보살 좌상 등은 철을 재료로 하여 보살상을 제작한 희귀한 예라고 하겠다.

고려 후기와 조선 초의 불상

고려 초기 이후 철불 조성은 점차 드물어진다. 등신대가 넘는 크기의 불상들을 철로 제작함으로써 경비에 대한 부담을 줄였던 나말 여초기에 비해, 고려 중기 이후부터는 문화적 현상들이 귀족화됨에 따라 불상 제작 역시 고급화를 추구하게 된다. 공정이 까다롭고 복잡한 철불은 점차 만들지 않게 되고 금동불을 선호하게 된 것도 이러한 시대적 분위기 때문이었다.

더욱이 조선 초기의 억불숭유라는 불교 정책으로 일반인들의 불상 수요가 적어졌다. 반면 중앙 왕실의 왕공 비빈들이 발원하여 조성한 불상들은 순금이나 옥, 금동과 같은 화려하고 귀족적인 취향의 고급스러운 재료로 제작되었으므로[29] 철과 같은 소박한 재료가 불상 제작에 사용되는 일은 드물게 되었다.

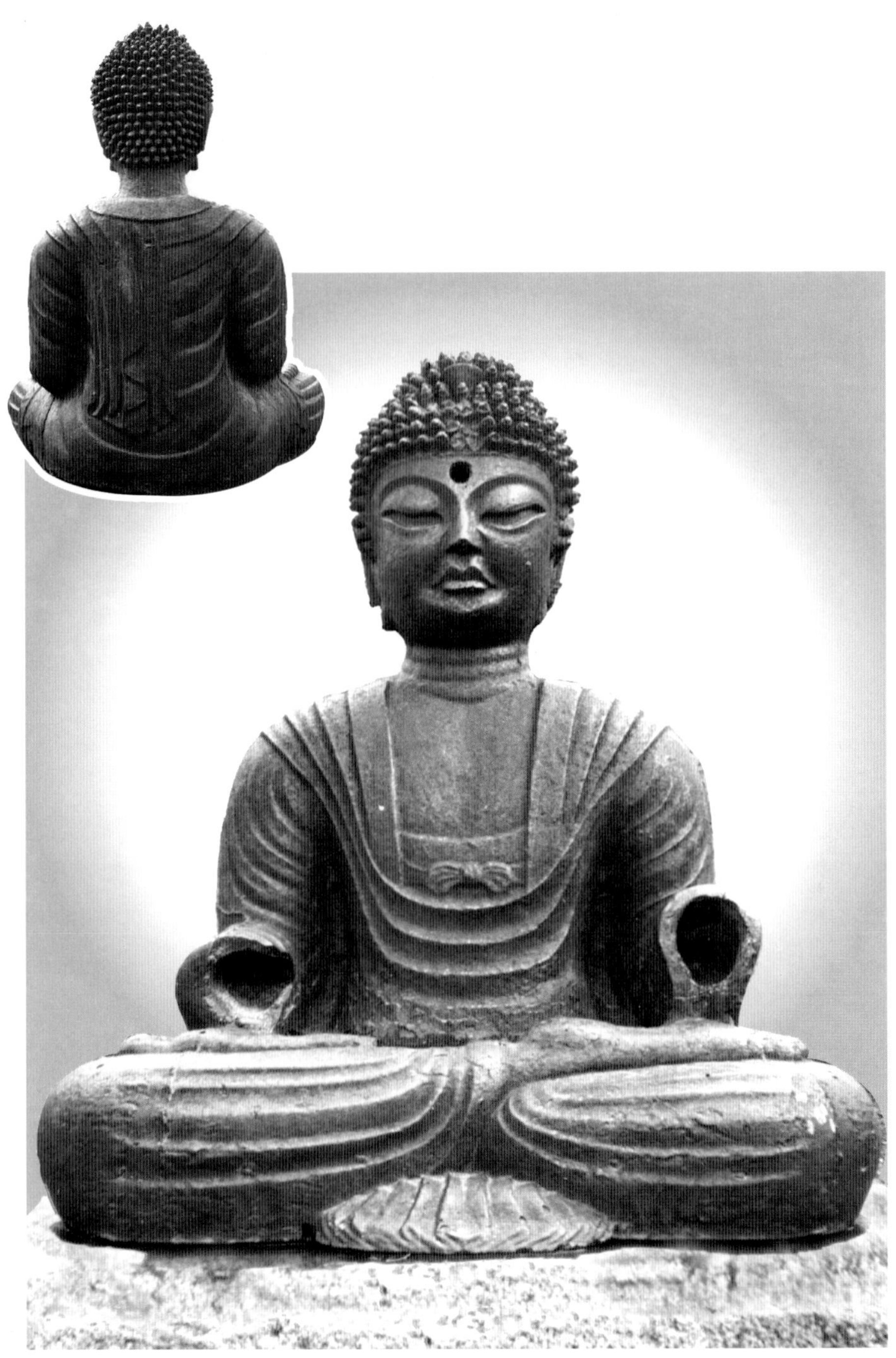

대원사 철불 좌상 휘어 올라간 눈, 아래로 처진 입매 등 존안의 표현이 특이하다. 통견식 가사에 도식적으로 표현된 U자형 주름과 내의 아래를 묶은 리본, 양무릎의 수평 주름도 눈길을 끈다. 상 크기 98센티미터, 충북 충주(옆면).

단호사 철불 좌상 형식과 표현으로 볼 때 대원사 철불 좌상과 충주 지역의 불상 제작소에서 함께 제작된 것으로 보인다(아래). 대원사와 단호사의 철불 좌상은 U자형 주름이 평행 반복된 점에서 국립중앙박물관에 소장돼 있는 철불 좌상(오른쪽, 상 크기 95센티미터, 국립중앙박물관 소장)과 비슷하지만 훨씬 도식화된 모습을 보이고 있다. 상 크기 130센티미터, 충북 충주시 단월동.

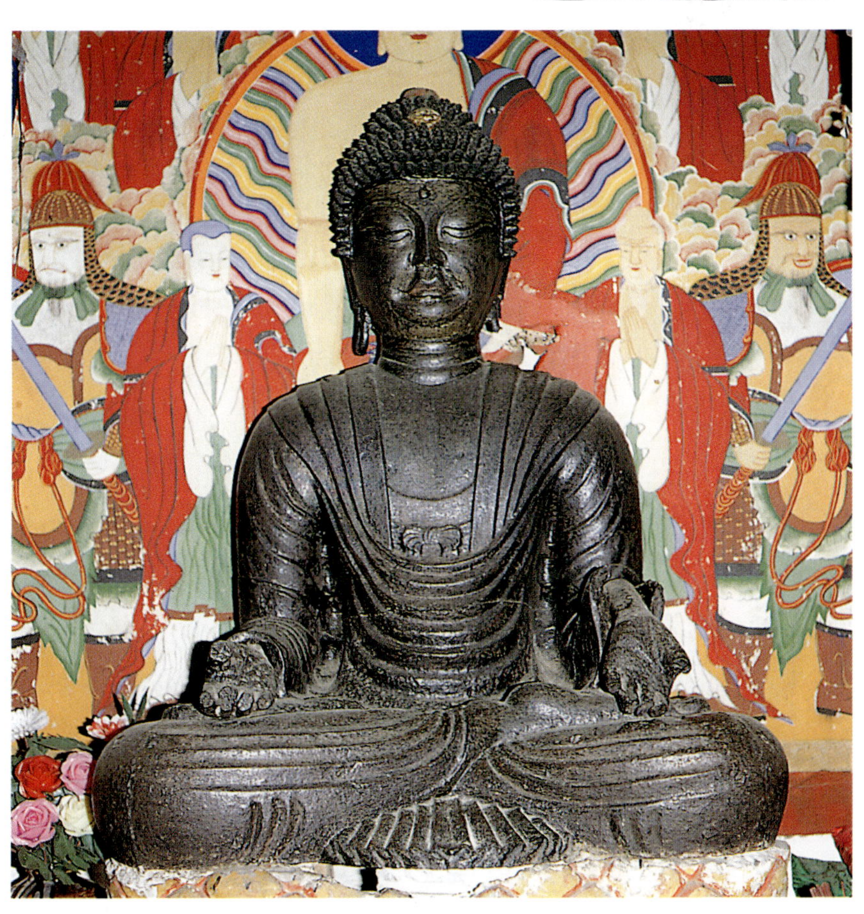

충주 대원사와 단호사 철불 좌상

충청북도 충주는 고대부터 철 생산지로 알려진 지방인데 이곳에 2구의 아주 흡사한 철불상이 전해 오고 있다. 한 구는 대원사(大圓寺) 철불 좌상이고, 다른 한 구는 단호사(丹湖寺) 철불 좌상이다.

대원사 철불 좌상은 98센티미터 크기로 큼직큼직한 나발이 표현된 머리에 계주가 있으며 존안은 상당히 특이하게 조각되어 있다. 눈이 활처럼 휘어 올라가고, 입은 양꼬리가 아래로 축 처진 괴이한 상호의 불상이다. 가사는 양어깨를 다 덮는 통견식으로 가슴 아래에 내의로 보이는 곡선이 지나가고 그 아래에는 이것을 묶은 리본이 있다.

가사의 옷주름은 커다란 U자형을 이루며 도식적으로 반복되어 새겨졌다. 양무릎 위의 주름도 기계적인 느낌을 주는 수평 주름을 이루고 있다. 1982년에 나무로 두 손을 따로 만들어 꽂았는데 원래는 아미타불의 구품인을 짓고 있었을 것이다.

역시 같은 지역인 충주시 단월동의 단호사에 있는 철불은 높이가 130센티미터이다. 대원사 철불보다 크지만 대원사 상과 거의 닮은 꼴인 것으로 보아 충주 지역의 불상 제작소에서 함께 주조되었던 것 같다.

가사의 U자형 주름이 평행 반복되는 표현은 통견식으로 가사를 입은 국립중앙박물관 소장의 다른 철불상과 비교되지만 충주의 철불들은 훨씬 도식화가 심하며 이와 유사한 예를 찾기 어려울 정도이다.

특히 얼굴 모습은 고려시대 불상에서는 거의 찾아볼 수 없는 특이한 것이어서 단순하게 지방화·토속화의 측면만으로는 그 특징을 이해하기가 어렵다. 사찰고기(寺刹古記)에는 대원사 철불이 인종 23년(1145년)에 제작된 것으로 전해 오고 있어 참고가 된다.

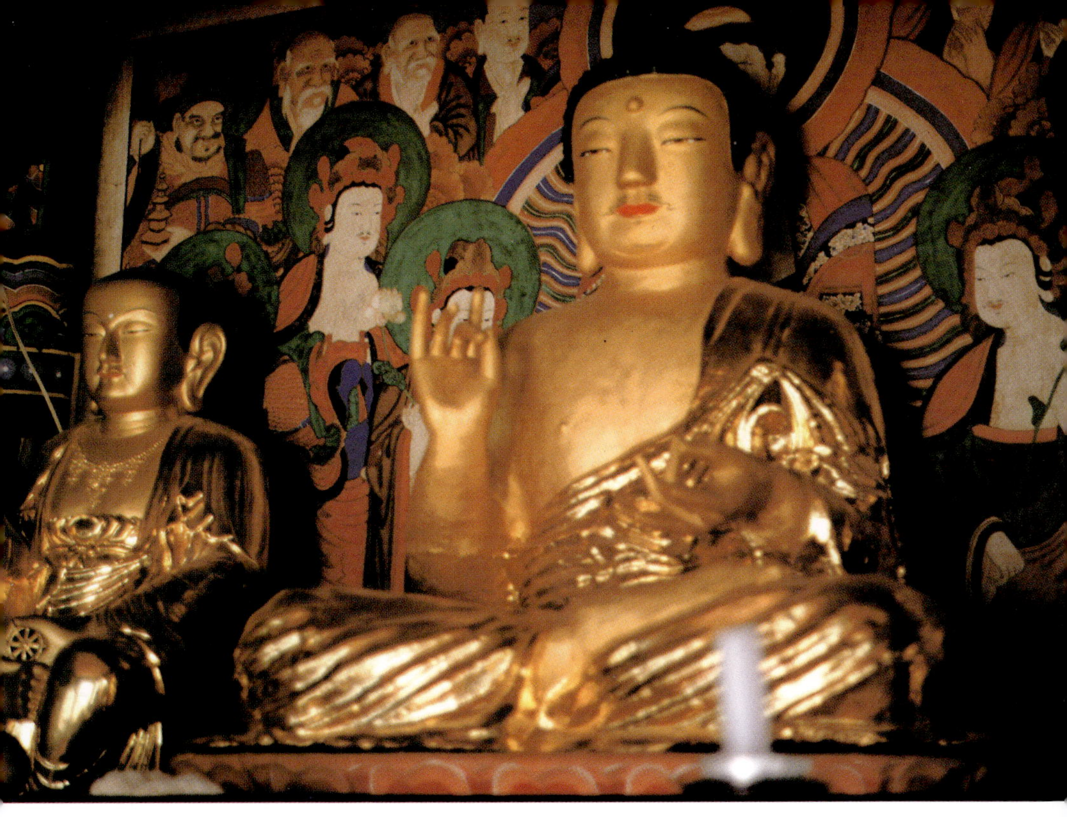

대복사 철불 좌상 전체적으로 불두와 불신, 팔 부분의 균형이 맞지 않아 어색하다. 최초 제작 시기는 고려시대이지만 뒤에 완전히 개수되어 현재의 모습을 하고 있는 것으로 보인다. 상 크기 103센티미터, 전북 남원시 왕정동.

대복사 철불 좌상

전북 남원시 왕정동 대복사(大福寺) 극락전에 봉안되어 있는 철불 좌상으로 크기는 약 103센티미터이다. 보수된 정도가 심하여 원래의 모습과는 많이 다를 것으로 생각된다.

불상은 두부가 큰 편이고 머리는 나발이며 이마는 좁고 눈은 작다. 대의는 우견편단식으로 입었는데 왼쪽 어깨 아래에서 옷자락의 매듭이 지어져 옷단이 팔 위로 내려온다. 옷주름은 힘이 없이 느슨하게 잡혀 있고, 무릎 앞의 바닥에 용철(鎔鐵)이 흐른 자국이 보인다. 수인은 아미타불의 구품인 가운데 하품중생인을 짓고 있다.

이 불상은 전체적으로 불두와 불신, 팔 부분의 균형이 맞지 않아 어색한데 제작 시기는 고려시대로 생각되지만 나중에 완전히 개수되어 오늘날의 모습이 되었을 것으로 짐작된다.

대복사는 9세기 말에 창건된 사찰로 원래의 이름은 대곡암(大谷庵)이고 경내에는 나말 여초기에 조성된 석불이 남아 있다. 조선시대 철종 연간에 강대복(姜大福)이라는 사람이 이 절에 시주한 공덕으로 뱀의 업보를 면했다고 하여 법당을 중수하고 절 이름도 대복사로 개칭하게 되었다고 한다.

청양 운장암 철조 보살 좌상

충남 청양군 남양면 온암리 산중에 있는 운장암이라는 작은 암자에 봉안되어 있는 철조 보살 좌상이다. 이 보살상은 암자가 있는 산턱 앞의 노천에 오랫동안 방치되어 있다가 운장암을 짓게 되자 옮겨온 것이라 한다.

이 보살상의 복장에서는 조선시대 중종 연간(1506~1544년)에 인쇄된 『묘법연화경』 권 4, 5 등이 발견되었는데 상의 개금 시기와 관련하여 참고가 된다.

운장암 보살상은 철을 재료로 하여 만든 몇 안 되는 보살상 가운데 하나라는 점에서 주목된다. 일반적으로 불상을 조성할 때, 본존 여래상은 철로 제작하더라도 좌우 협시보살상은 소조로 하였다. 그렇게 볼 수 있는 근거로 남아 있는 철조상들이 거의 다 여래상인데 원래 삼존(三尊)으로 봉안되었을 이 철불들의 좌우 협시보살상은 전하지 않기 때문이다.

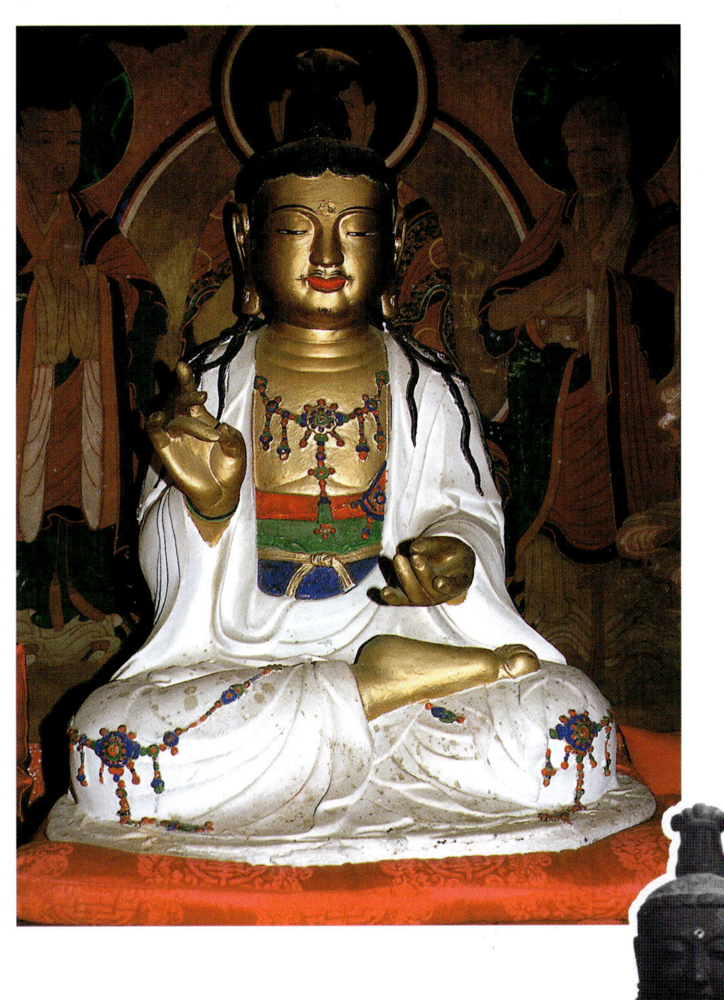

운장암 철조 보살 좌상 철을 재료로 만든 몇 안 되는 보
살상 가운데 하나이다. 착의 형식과 목걸이, 영락 장식 등
이 1330년에 제작된 충남 서산 부석사 금동 관음보살 좌
상(오른쪽, 상 크기 50.5센티미터, 일본 대마도 관음사 소
장)의 도상과 거의 일치하고 있어 14세기 전반기에 조
성된 것으로 추측할 수 있다. 상 크기 98센티미터, 충
남 청양군 남양면 온암리(위).

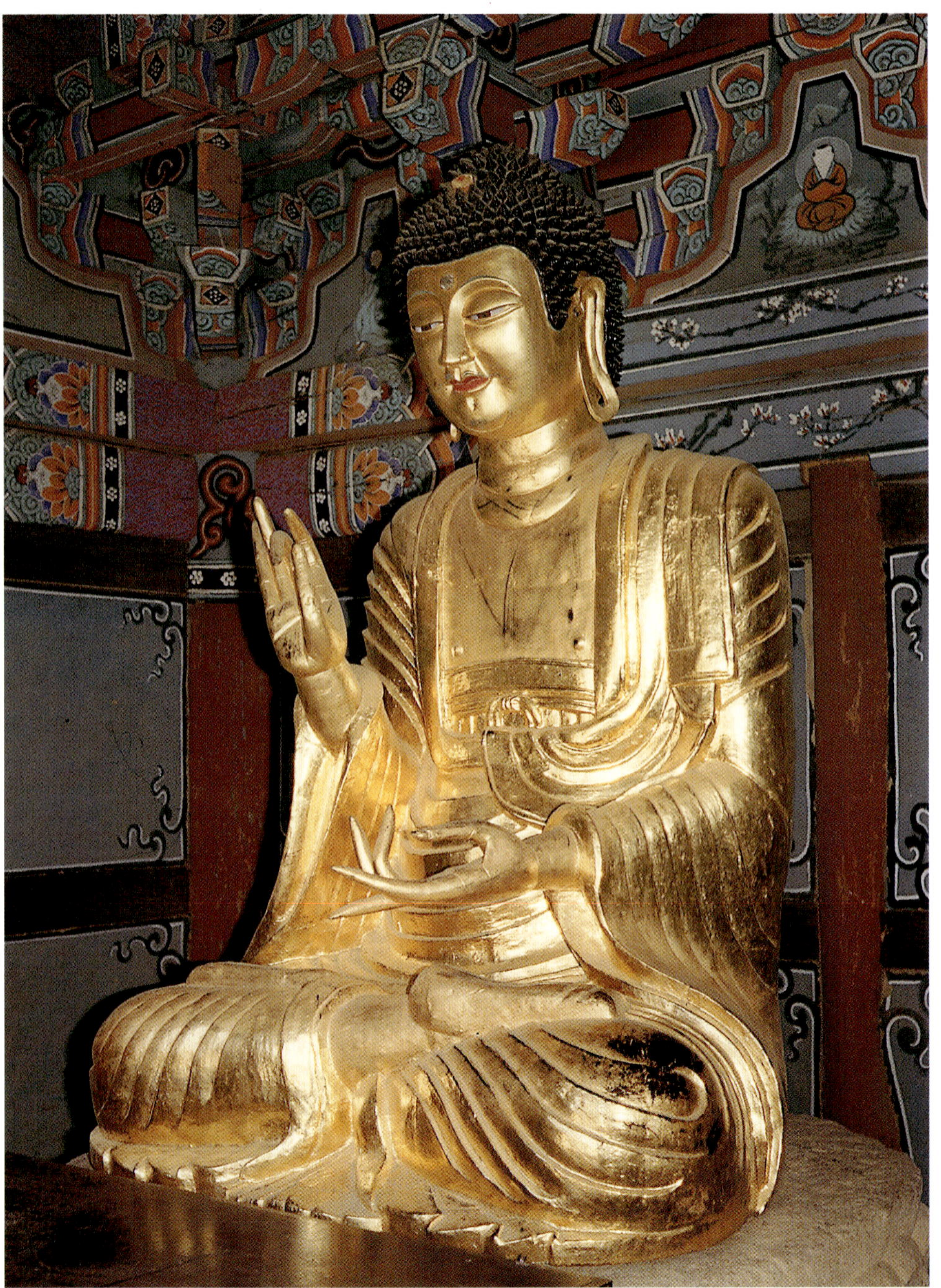

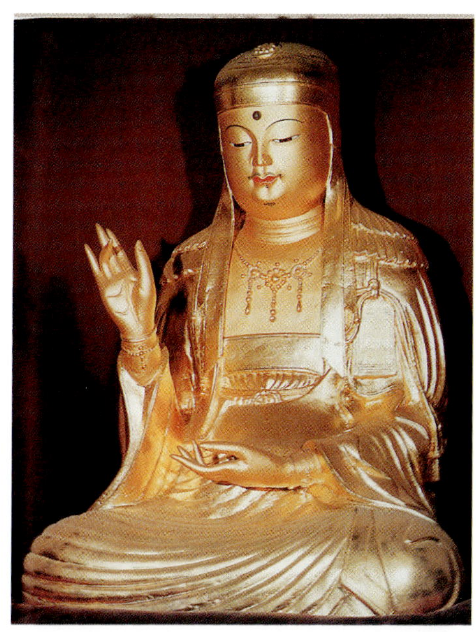

선운사 금동 지장보살 좌상 동화사 철불 좌상과 같은 시기에 제작된 조선 전기 불상들의 전형적인 특징을 보여주는 금동 보살상이다. 상 크기 100센티미터, 전북 고창군 아산면 삼인리.

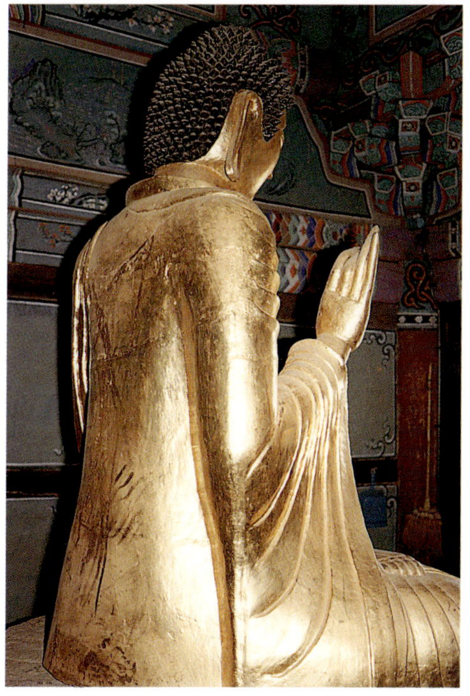

동화사 철불 좌상 장신형에 평행 층단형 띠주름 등 고려 시대의 불상 형식을 따르면서 상호나 가슴, 옷자락과 그 매듭 등의 처리에서는 조선 전기의 불상들에서 보이는 특징을 갖고 있다. 대구시 동구 도학동(옆면, 왼쪽).

운장암 보살상은 금과 호분이 두껍게 칠해지고 근래 만든 보관(寶冠)을 쓰고 있어서 원래의 모습을 알아보기 어렵지만 보관을 벗으면 높은 보계가 있다. 장방형의 둥근 얼굴에는 이목구비가 단아하며 앞머리는 보관을 올려 놓도록 반원을 그리며 앞으로 조금 돌출해 있다. 둥근 양어깨에는 보발(寶髮)이 흘러내리고 보살의 옷은 양어깨가 가려지도록 단정하게 입고 손으로는 엄지와 중지를 맞대어 구품인을 짓고 있다.

이 보살상의 조성 시기를 암시하는 결정적인 도상의 특징은 착의 형식과 목걸이, 영락의 표현이다. 목걸이와 왼쪽 가슴 아래의 옷치레, 허리에서 묶여진 군의 매듭, 양무릎에 흘러내리는 영락 장식 등은 현재 일본 대마도 관음사에 있는 고려 1330년에 조성된 서산 부석사(浮石寺) 금동 관음보살 좌상의 도상과 거의 일치하고 있다.

알려진 것처럼 14세기 전반에는 일련의 우수한 금동불과 보살상들이 주조되었는데 이들은 서산 부석사 금동 관음보살 좌상(1330년), 청양 장곡사 금동 약사불 좌상(1346년), 서산 문수사 금동 아미타불 좌상(1346년), 고창 선운사 도솔암 금동 지장보살 좌상(14세기 전반) 등 충청 지역을 중심으로 분포되어 있다.

따라서 운장암 보살상은 14세기 전반에 유행하던 이들 충청 지역의 금동불을 만들던 조각가가 주물의 원형을 만들어 금동 대신 철로 조성한 것으로 짐작할 수 있으며, 14세기 전반으로 편년될 수 있는 귀중한 철조 보살상이라 하겠다.

동화사 철불 좌상

대구시 동구 도학동 동화사(桐華寺) 수마제전(須摩提殿)에 봉안되어 있는 아미타불 좌상은 지금까지 보아오던 철불들과는 다른 상당히 이질적인 면모를 보이고 있다.

허리가 긴 장신형에 옷주름이 평행 층단형 띠주름인 점은 그다지
새로운 게 아니라 하더라도 양볼이 팽창된 듯 살이 있는 존안이라
든가, 콧날이 오뚝한 이국적인 상호, 약간 앞으로 구부린 듯한 자
세, 젖꼭지가 분명하게 나타난 가슴, 가슴까지 올라와 있는 군의 끝
단과 그 매듭 등이 특징적이다. 또 가사 자락은 한 귀퉁이가 안쪽
으로 접혀 들어가 있다. 곧 이 철불은 기본적으로는 고려시대의 철
불을 모델로 하고 있지만 조선 초에 나타나는 도상적 특징을 동시
에 표현하고 있다.

통견식으로 표현된 가사의 넓은 단이 가슴 좌우에 서로 대칭을
이루고 끝단 한 자락이 왼쪽 어깨 위에 걸쳐져 있으며, 군의 단이
수평으로 가슴께까지 올라오는 표현이나 이것을 묶은 매듭, 양각으
로 도드라진 젖꼭지 등은 조선 전기 불상들에서 흔히 보이는 표현
상의 특징이다. 이같은 점에서 국립중앙박물관에 소장되어 있는 금
동불 좌상이나 선운사 금동 지장보살 좌상 등 조선 전기 조각들과
같은 15세기 후반의 철불로 생각된다.

남장사 철불 좌상

경상북도 상주시 남장동의 남장사(南長寺) 보광전에 모셔져 있는
철불 좌상은, 조선시대에는 드문 철불 기법으로 제작되었다.

상의 크기는 133센티미터로 체구에 비해 머리 부분은 작으며 허
리가 길고 어깨와 무릎 폭이 좁다. 지권인을 한 비로자나불의 양손
은 좌우가 바뀐 상태이며 대의는 통견식으로 넓은 깃이 있고 옷주
름은 단순하다. 허리에는 군의 매듭이 보이고 넓은 소매 자락이 늘
어져 있다.

비례 면에서 1458년경에 조성된 경북 영풍의 흑석사 목조 아미타
불 좌상과 비교되는데 재료는 서로 다르지만 같은 경북 지역에서

이 시기에 유행하였던 불상 양식을 보여 준다고 하겠다.

지권인의 수인은 조선시대에 들어와서 검지 손가락을 구부려 두 손을 마주잡는 권인(拳印)으로 점차 바뀌게 되는데 남장사 철불은 아직 검지를 주먹으로 쥐는 지인(指印)을 취하는 고식(古式)을 보이고 있다.

조선시대 불상으로서는 비례감이 좋고 옷주름도 딱딱하지 않으며 존안의 상호도 원만하여 조선 전기에 조성된 것으로 생각된다.

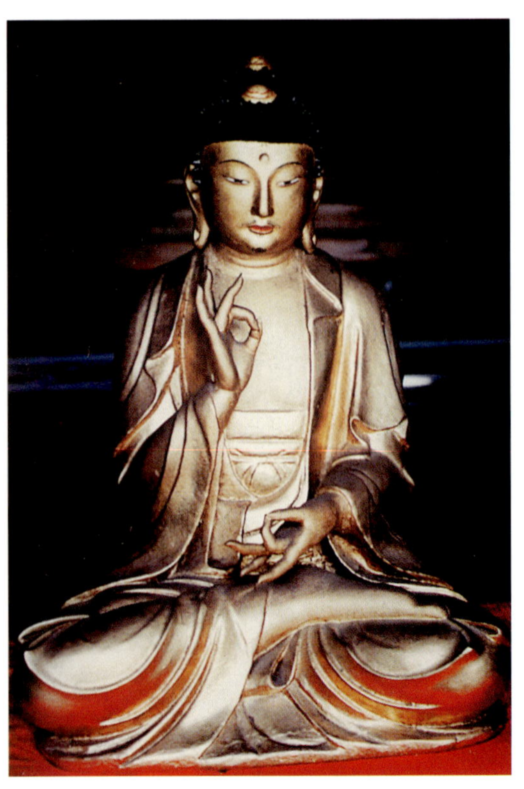

남장사 철불 좌상 체구에 비해 머리 부분이 작고 긴 허리에 상대적으로 좁은 어깨와 무릎이 특징이다. 지권인을 한 수인은 양손의 위치가 바뀌었다. 상 크기 133센티미터, 경북 상주시 남장동(옆면).

흑석사 목조 아미타불 좌상 1450년 경에 제작된 것으로 비례 면에서 남장사 철불 좌상과 비슷한 형식을 보이고 있다. 상 크기 72센티미터, 경북 영풍군 이산면 석포리(왼쪽).

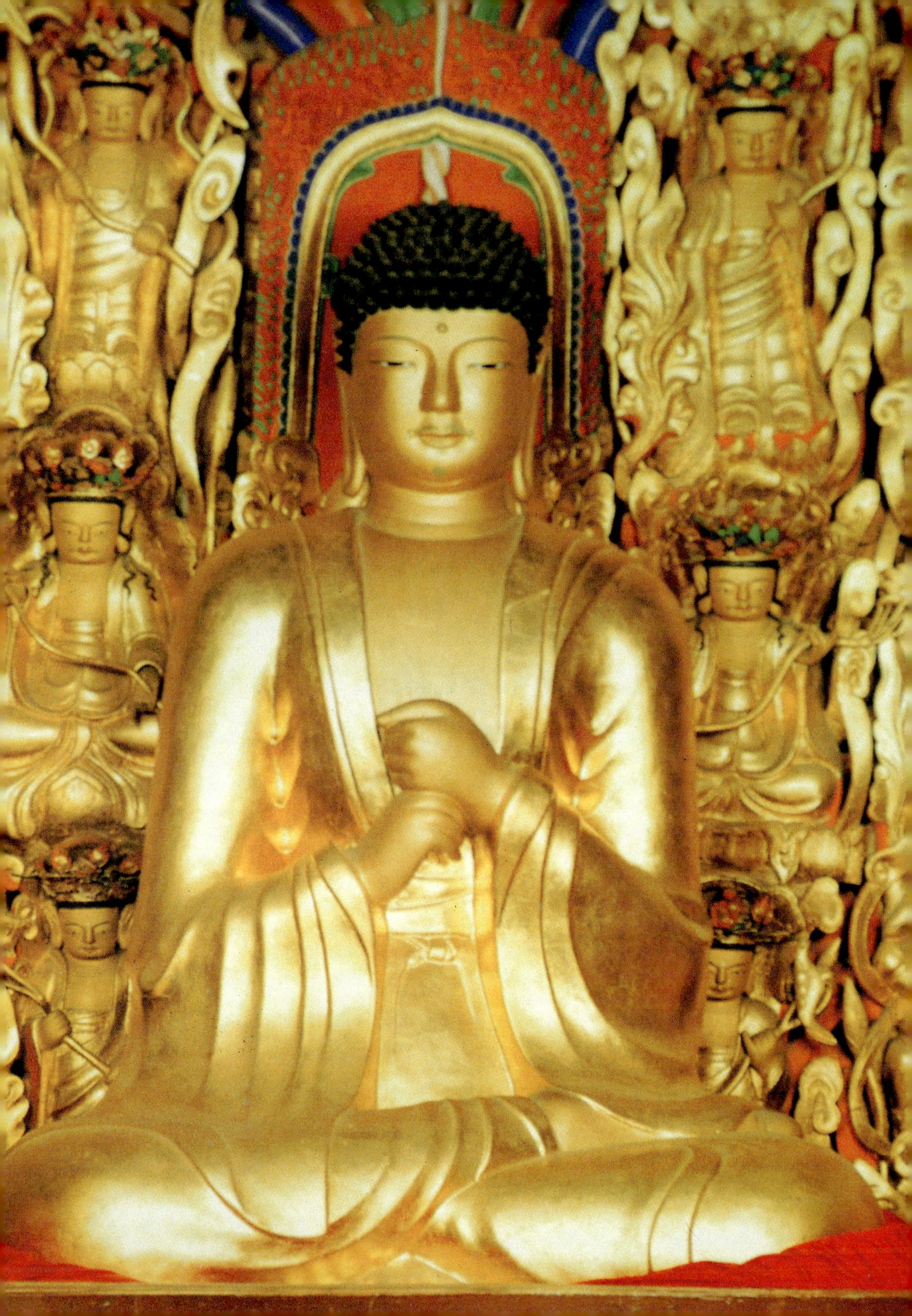

맺음말

  우리나라의 철불은 중국으로부터 선종이 유입되던 신라 하대부터 호족이나 백성들의 발원에 의해 조성되기 시작했다. 특히 고려 초기에 창건되거나 중창되는 선종 사찰에 봉안될 불상들이 대거 조성되면서 철불이 크게 유행했던 것으로 보인다.

  이처럼 나말 여초에 크게 유행하던 철불은 고려 중기 이후 점차 사라지기 시작했다. 상류층에서 금동불을 선호하게 되면서 철불을 만들 수 있는 장인들이 주로 금동불을 제작하게 되었고 백성들조차 금동불 제작에 동참하였기 때문이다. 이같은 사실들은 불상 조상 발원문을 통해 알 수 있다.

  이러한 경향은 조선의 억불숭유 정책으로 일반인들의 불사가 줄어들고 일부 왕족 비빈들에 의해 불사가 화려해지면서 더욱 심화되어 철불은 거의 찾아보기 어렵게 되었다.

  철불 조성은 정치·사회적 전환기이며 왕조 교체기였던 나말 여초의 짧은 동안 크게 유행하였다. 그러나 한 시기의 종교적 열정과 문화적 상황을 잘 보여 주는 미술품에 틀림없으며, 한국 조각사에서 중요한 위치를 차지한다고 할 것이다.

주(註)

1) 佐藤昭夫・中村由信, 『日本の鐵佛』, 東京, 小學館, 1980, 71쪽.

2) 윤내현, 『상주사(商周史)』, 민음사, 1985, 191・192쪽 ; 김영진, 『중국오천년사』, 대광서림, 1988, 125쪽.

3) 김원룡・안휘준, 『한국미술사』, 서울대학교출판부, 1993, 36쪽.

4) 이기백, 『한국사신론』, 일조각, 1994, 35・36쪽 ; 김원룡, 「초기철기문화」, 『한국고고학개설』, 1973 ; 문경현, 「진한의 철산(鐵産)과 신라의 강성」, 『대구사학』 7・8호, 1973, 87~119쪽.

5) 밀랍 주조법에 대해서는 진홍섭, 『금동불』, 대원사, 1992, 25~28쪽 ; 佐藤昭夫・中村由信, 앞의 책, 76쪽.

6) 철불의 주조법에 대해서는 佐藤昭夫, 『日本の鐵佛』, 75~82쪽과 동저, 日本の美術 5, No. 252, 『鐵佛』, 東京, 至文堂, 1987, 19~23쪽.

7) 최인선, 「신라하대 철조 불상의 연구 —9세기 철조 불상을 중심으로」, 단국대학교 석사학위논문, 1991, 9쪽.

8) 『구당서(舊唐書)』 권 18(상), 「무종본기」 회창 5년 7월 경자조 ; 최성은, 「당말 오대 불교조각의 경향」, 『미술사학』 4, 1992, 162~165쪽.

9) 常盤大定・關野貞, 『支那文化史蹟』 8, 圖 60 및 해설 56쪽.

10) 田邊三郎助, 「韓國の鐵佛ついて」, 『Museum』 303, 1976. 6, 7쪽.

11) 황수영, 「통일신라시대의 철불」, 『고고미술』 154・155, 1982. 6, 17쪽. 우리나라 철불에 관한 연구로는 中吉功, 「造像銘のある新羅の鐵佛二種」, 『新羅・高麗の佛像』, 東京, 二玄社, 1971, 279~298쪽 ; 문명대, 「신라하대 비로자나불상조각의 연구(1), (續)」, 『미술자료』 21・22, 1977 ; 황수영, 앞의 논문, 12~24쪽 ; 황수영, 「고려시대의 철불」, 『고고미술』 166・167, 1985. 9, 26~35쪽 ; 강우방, 「통일신라 철불과 고려 철불의 편년시론」, 『미술자료』 41, 1988, 1~31쪽 ; 최인선, 앞 논문 ; 이인영, 「고려시대 철불상의 고찰」, 『미술사학보』 2, 1989, 51~98쪽 ; 최인선, 「신라하대의 철불에 대한 연구 —장흥 보림사철불을 중심으로」, 『전남문화재』 1992, 167~183쪽 등이 있다.

12) 최인선의 석사학위논문 11쪽.

13) 신라 하대, 혜공왕(765~780년) 이후 선덕왕(780~785년)이나 원성왕(785~798년)과 같은 내물왕계가 왕위를 차지하게 된 시기를 보통 하대라고 부른다. 이기백, 앞의 책, 132쪽.

14) 황수영, 「통일신라시대의 철불」, 23쪽.

15) 「성주사지 실측조사 ―성주사지 제1차 조사」, 『불교미술』 2, 1974, 12쪽.

16) 문명대, 「신라하대 비로자나불상조각의 연구(續) ―신라하대 불교조각의 연구(2)」, 『미술자료』 22, 1978. 6, 2·3쪽.

17) 문명대, 「신라하대 불교조각의 연구(1) ―방어산 및 실상사 약사여래거상을 중심으로」, 『역사학보』 73, 1977. 3, 12쪽.

18) 문명대, 「홍성 용봉사의 정원(貞元)십오년명 및 상봉 마애불입상의 연구」, 『삼불 김원룡 교수 정년퇴임기념논총 Ⅱ』, 일지사, 1987, 188쪽의 주 14.

19) 문명대, 「성주사실측조사」, 『불교미술』 2, 1974, 12쪽 ; 동저, 『한국조각사』, 열화당, 1980, 234~235쪽 및 235쪽의 주 86.

20) 최병헌, 「신라하대 선종구산파의 성립」, 『한국사연구』 11, 1972. 3, 105~106쪽.

21) 문명대, 「신라하대 비로자나불상조각의 연구(1)」, 35·36쪽.

22) 문명대, 「불국사 금동여래좌상 2구와 그 조상찬문(비명)의 연구」, 『미술자료』 19, 1976. 12, 1~16쪽.

23) 『고려사』 권 54, 志 8 五行 2.

24) 이인영, 앞의 글, 54쪽 ; 『동리산태안사사적』, 아세아문화사, 1984.

25) 강우방, 「통일신라 철불과 고려 철불의 편년시론 ―충남 서산군 운산면의 철불좌상과 운산면 보원사지 장륙철불좌상을 중심으로」, 『미술자료』 41, 1988. 6, 1~31쪽.

26) 황수영, 「고려시대의 철불」, 32쪽.

27) 옛 지명 본부면 읍옥평. 이 지역은 옥들(玉坪)로 불리던 곳이었는데 원주군 본부면이 1917년 원주면으로, 1937년에는 원주읍으로 승격하였고 1955년 원주시가 되면서 지명이 바뀌었다. 이인영, 앞의 글, 72쪽 ; 『한국지명총람』 2 강원편, 한글학회, 1967, 329쪽.

28) 정영호, 「신라 사자산 흥녕사지 연구」, 『백산학보』 7, 1960. 12, 25~104쪽.

29) 조선시대 불교조각의 경향에 대해서는 문명대, 「조선전기 불상양식의 연구(1)」, 『이화사학연구』 13·14, 1983. 6, 49~61쪽 ; 유마리, 「조선시대 조각」, 『한국미술사』, 예술원, 1984, 448~459쪽.

참고 문헌

단행본

진홍섭, 『한국의 불상』, 일지사, 1976.
문명대, 『한국조각사』, 열화당, 1980.
佐藤昭夫・中村由信, 『日本の鐵佛』, 東京, 小學館, 1980.
佐藤昭夫, 日本の美術 5 No. 252 『鐵佛』, 東京, 至文堂, 1987.
김리나, 『한국고대불교조각사연구』, 일조각, 1989.
김원룡・안휘준, 『신판 한국미술사』, 서울대학교출판부, 1993.
강우방, 『한국 불교조각의 흐름』, 대원사, 1995.

논문

강우방, 「통일신라 철불과 고려 철불의 편년시론」, 『미술자료』 41,
        1988.
문명대, 「신라하대 불교조각의 연구(1) —방어산 및 실상사 약사여
        래거상을 중심으로」, 『역사학보』 73, 1977.
______, 「신라하대 비로자나불상조각의 연구(1), (續)」, 『미술자
        료』 21・22, 1977.
______, 「한국의 중・근대(고려・조선)조각과 미의식」, 『한국 미술
        의 미의식』, 한국정신문화연구원, 1984.
이인영, 「고려시대 철불상의 고찰」, 『미술사학보』 2, 1989.
田邊三郎助, 「韓國の鐵佛ついて」, 『Museum』 303, 1976.
中吉功, 「造像銘のある新羅の鐵佛二種」, 『조선학보』 12, 1956.
최성은, 「고려시대 조각」, 『한국미술사』, 문교부 예술원, 1984.

최성은, 「고려 초기 광주철불좌상 연구」, 『불교미술연구』 2, 1995.

______, 「나말려초 중부지역 철불의 양식계보」, 『강좌 미술사』 8, 1996.

최인선, 「신라하대 철조 불상의 연구 —9세기 철조 불상을 중심으로」, 단국대학교 석사학위논문, 1991.

______, 「신라하대의 철불에 대한 연구 —장흥 보림사철불을 중심으로」, 『전남문화재』 5, 1992.

______, 「한국 철불 연구」, 한국교원대학교 박사학위논문, 1997.

황수영, 「고려의 조각」, 『예술총람』, 문교부 예술원, 1964.

______, 「통일신라시대의 철불」, 『고고미술』 154 · 155, 1982.

______, 「고려시대의 철불」, 『고고미술』 166 · 167, 1985.

빛깔있는 책들 103-37

철불

글	—최성은
사진	—최성은, 한석홍
발행인	—장세우
발행처	—주식회사 대원사
편집	—김범수, 육세림, 김분하, 김수영, 최은희
미술	—유성숙, 김정희
기획	—조은정
총무	—이훈, 이규헌, 정광진
영업	—정만성, 강성철, 박은식, 이수일, 최귀심
이사	—이명훈, 이상갑

첫판 1쇄 —1995년 12월 30일 발행
첫판 3쇄 —2003년 12월 30일 발행

주식회사 대원사
우편번호/140-901
서울 용산구 후암동 358-17
전화번호/(02) 757-6717~9
팩시밀리/(02) 775-8043
등록번호/제 3-191호
http://www.daewonsa.co.kr

이 책에 실린 글과 그림은, 저자와 주
식회사 대원사의 동의가 없이는 아무
도 이용하실 수 없습니다.

잘못된 책은 책방에서 바꿔 드립니다.

값 13,000원

Daewonsa Publishing Co., Ltd.
Printed in Korea(1995)

ISBN 89-369-0178-8 00220

빛깔있는 책들

민속(분류번호 : 101)

고미술(분류번호 : 102)

불교 문화(분류번호 : 103)

음식 일반(분류번호 : 201)